15억을 움직이는 중화권의 대중가요 슈퍼스타들

15억의 노래

15억을 움직이는 중화권의 대중가요 슈퍼스타들

15억의 노래

이종철 | 지음

學古房

　한 나라의 문화를 이해하는데, 음악이 빠질 수 없다. 음악이야 말로 사람들의 수많은 희노애락을 담고 있기 때문이다. 우리 민족도 흥 많고 노래 좋아하는 민족으로 알려져 있지만, 중국 역시 그에 뒤지지 않는다. 자, 몇 가지 근거를 들어보자. 동아시아에 거대한 영향을 끼친 유교의 비조 공자가 편찬한 『詩經』이 춘추전국 시기 각국의 노래를 모은 노래모음집이라는 사실은 그러한 사실을 상징적으로 입증한다. 『論語』에도 공자가 얼마나 음악을 사랑하고 즐겼는지 곳곳에 나온다. 중국 최고의 지성이 그토록 음악을 중시하고 즐겼다면 다른 이들도 당연히 그러했을 것 아닌가.

　또한 중국어 자체가 성조(聲調), 즉 소리의 높낮이를 지닌 성조언어기 때문에 언어 자체에 뛰어난 음악성을 애초부터 갖추고 있다는 점도 거론할 만 하다. 자, 거두절미하고 우선 중국음악의 거대한 흐름을 먼저 아주 간략하게나마 짚어보자.

　중국 역사의 시작인 夏, 商, 周 시대에 이미 鐘, 磬, 琴 등의 악기가 등장한다. 이러한 악기는 제사의식 및 궁중 의식에 사용되었을 것이다. 周代에는 이른바 雅樂이 체계적으로 정비되어 이후 중국음악의 기초를 제공하게 된다. 이어 중화문명의 기초를 확고히 다진 漢代에 이르면 雅樂이 대대적으로 정비되고 이웃나라들과의 교류도 활발히 진행되면서 중국 음악도 한층 더 풍부해지게 된다. 특히 실크로드가 열리면서 서역의 여러 악기들이 중국에 소개되는데, 琵琶, 胡琴, 胡笛 등이 전해진다. 또한 궁중음악을 전담하는 기구가 세워지면서 한층 더 발전하게 된다.

中古시기인 魏晉南北朝와 唐代까지는 인도의 불교와 중앙아시아 음악의 영향을 많이 받은 시기로 본다. 중국의 전통 아악을 계승 발전시키는 한편, 인근 국가의 음악을 수용함으로서 다채로운 음악문화를 형성했다. 수나라 때는 九部伎, 당나라 때는 十部伎라는 외국의 음악연주단을 궁중에 머무르게 할 정도였다.

宋代부터 淸代까지는 한족 음악의 부흥기로 볼 수 있다. 송대에는 당대의 음악을 雅樂, 俗樂, 胡樂으로 나누어 정리하였고 설창(說唱)음악과 연극이 대대적으로 성행했다. 설창의 경우도 북쪽은 북을 주로 사용하였고 남쪽은 비파를 많이 사용하였다. 송에 이어 원대에 이르면 연극(雜劇)이 더욱 인기를 끌었는데, 다양한 형태의 극음악이 여러 지방에서 전개되었다. 가령 남부 쪽은 5음계를 주로 사용하였고 악기로 橫笛이 사용되었으며, 북쪽은 7음계를 사용하며 胡琴 같은 현악기를 주로 사용하였다. 명나라에 이르면 극음악이 더욱 발전하여 한층 세련된 곤곡(崑曲)이 등장하였고 이는 후에 경극의 모체가 되었다. 청대는 아악의 부흥을 대대적으로 진행하였고 한편으로는 서양의 선교사들에 의해 전해진 서양음악이 중국에 본격적으로 소개되기도 하였다.

1911년 봉건왕조 청이 무너지고 중화민국이 세워지자 시대적 요구로 인해 민족주의 음악이 강조되었고 전통악기의 개량작업이 대대적으로 진행되었다. 또한 대중을 상대로 한 음악 교육도 폭넓게 진행되었다.

  이상이 고대 중국 음악의 흐름이었다면, 다음으로 현대적 의미의 대
중음악 흐름에 대하여 간략하게 짚어보자. 대중음악이란 말 그대로 대
중성, 상업성, 통속성, 비정치성 등을 주요한 특징으로 한다. 중국 대
중음악의 본격적인 출발은 아니러니 하게도 서구 열강의 침략과 그 괘
를 같이 한다. 서양의 음악이 대규모로 중국에 유입되었고 그것에 중
국적 요소가 더해지는 방식으로 중국의 대중음악이 형성되었다. 여금
휘(黎錦暉)가 1927년에 창작한 〈毛毛雨〉란 노래가 중국 최초의 대중음
악이라고 알려져 있다. 그 노래는 당시의 일반적인 민요나 군가와 구
별되는 대중음악적인 속성을 띄고 있다. 그 후로 유사한 성격의 대중
가요들이 쏟아져 나왔고, 특히 30~40년대 아시아 최대의 국제도시 상
하이 등을 중심으로 많은 인기를 끌었다. 하지만 1949년 공산정부 수
립 이후 대중가요는 사실상 종적을 감추게 된다.

  70년대 후반 개혁개방의 물결이 일기 전까지 중국 대륙에서 대중가
요는 의도적으로 억눌렸다. 공산정부의 주도세력들은 대중가요의 본성
을 이유로 들어 그것을 배척하였기 때문이었다. 대중음악은 군가와 혁
명가의 틈바구니 속에서 어쩔 수 없이 정체할 수 밖에 없었다.

  이 시기 중화권 대중음악의 판도는 홍콩과 대만에서 만들어졌다고
볼 수 있다. 홍콩 역시 80년대 이전까지는 대중가요의 기반은 매우 취
약한 편이었지만, 세계 유명 음반사들의 진출과 오락산업의 발달, 스타
시스템이 본격적으로 도입되면서 일대 변화를 맞이했다. 80년대 알란
탐(譚詠麟)과 장국영(張國榮), 매염방(梅艶芳), Beyond 등이 크게 활약하였
고, 90년대는 이른바 홍콩 4대 천왕 시대를 맞이하며 호황을 누리기 시

작했다. 97년 중국으로의 반환 이후로는 보통화 사용의 확대와 대륙 시장 진출을 본격화 하고 있다.

대만의 경우, 70년대 등려군(鄧麗君)이라는 걸출한 가수가 등장했다. 하지만 곧 대만을 떠나 일본으로 진출하였고, 70년대 중반을 넘어서면서는 명맥을 유지하던 캠퍼스 포크송마저 열기가 수그러들며 대만음악계는 전반적인 침체기에 처하였다. 그러다가 80년대에 들어와 나대우(羅大佑), 제진(齊秦), 이종성(李宗盛) 등의 젊고 실력 있는 가수들이 새로운 음악들을 들고 나오면서 대만가요의 인기를 되살렸다. 또한 80년대 중반부터는 세계의 유명 음반사의 진출, 대만의 음반사의 부상에 힘입어 크게 활기를 띠게 되었다. 90년대 초반에 이르기까지 주화건(周華健), 왕걸(王杰), 장신철(張信哲) 등 쟁쟁한 실력파 가수들과 임지령(林志穎), 소혜륜(蘇慧倫), 장혜매(張惠妹) 등 아이돌 가수들이 균형 있게 양산되며 별들의 전쟁이 펼쳐졌다. 대만음악계는 90년대 중반, 홍콩 4대천왕의 영향으로 인해 잠시 주춤하긴 했으나, 이후로 코코리(李玟), 오백(伍伯), 임현제(任賢齊), 오월천(五月天), F4, 왕력굉(王力宏), 주걸륜(周杰倫) 등 대형 스타들이 줄줄이 탄생하면서 중화권 대중음악계의 대표주자로서의 지위를 차츰 강화해나가고 있다.

대륙 역시 90년대 이후 시장경제의 본격적인 도입으로 인해 대중음악 역시 점차 산업과 오락으로서의 존재 가치를 인정받게 되었고, 홍콩, 대만, 일본 및 서구으로부터의 모방 속에서 차츰 그 기반을 마련해나가게 된다. 가령 흑표(黑豹), 당조(唐朝) 등 대륙의 록그룹이 90년대 초 대만의 록 레코드에서 앨범을 발표하여 큰 인기를 누렸고, 92년부터 이에 자극을 받아 광주 등에서 스타시스템을 도입하면서 산업형식으로서의 대중음악이 점차 토대를 구축해가기 시작했다. 90년대 말부터 경제의 급격한 발전과 산업화의 지속, 소비층의 대규모 확산, 세계화의 경향이 중국대중음악의 산업화, 다양화, 상품화를 이끌게 된다.

　이상과 같이 중국 대중음악은 정치, 경제의 격변과 궤를 같이 하여 왔음을 알 수 있다. 또한 중국의 대중음악은 사회주의 및 전통 儒家문화의 혼재, 대중매체의 정치 및 상업적 기능과 제약, 오락적 수요의 증가, 사회현상의 다양화 등 여러 요인들이 복합적으로 작용하면서 오늘에 이르고 있다. 요컨대 중국 대중음악의 지형도는 무척이나 거대하고 넓다.

　다시 말하지만 문화의 교류는 일방적일 수 없다. 마침 우리의 대중가요가 세계적인 주목을 받으며 선전하고 있고 중국에서도 큰 인기를 끌고 있다. 하지만 역으로 우리는 중국 노래에 대해 별로 아는 바가 없다. 우리에게 중국의 중요성은 날로 높아지고 있다. 많은 이들이 앞 다투어 중국에 대해 이야기하고는 있는데, 정작 중국인들이 좋아하는 노래가 무엇인지, 어떤 가수가 있는지에 대해서는 잘 알지 못한다. 이래서는 안 된다. 향후 한중관계가 더욱 깊어지고 발전적으로 나아가려면 서로가 서로의 문화를 이해하려는 노력이 수반되어야 한다. 자, 각설하고 노래, 그중에서도 대중가요는 사람들의 생각과 감정을 가장 직접적으로 담고 있는 생생한 문화일 것이다. 15억 인구의 중국, 세계 속 슈퍼파워로 등장한 중국의 대중가요는 과연 어떤 모습인가. 어떤 가수들이 포진해 있을까. 한마디로 말하자면, 중화권에는 실력을 갖춘 가수들이 즐비하고, 15억을 움직이는 엄청난 영향력을 가진 슈퍼스타들이 수없이 많다.

　노래는 또한 보다 재밌고 쉽게 중국에 다가가기 위한 좋은 징검다리다. 개인적인 경험을 비추어 봐도 중국어와 중국에 대한 흥미는 영화나 노래 같은 대중문화를 통해서 출발했다. 많은 이들이 중국의 대중가요를 쉽게 즐기고 그를 통해 중국에 대한 흥미와 이해를 키워갔으면 좋겠다.

이 책은 중국 대중음악에 대한 체계적이고 학술적인 소개에 중점을 두지 않았다. 그보다는 우선 쉽고 재미있게 중국 대중음악에 접근하는 것을 목표로 삼았다. 중화권 대중음악의 지형도 역시 엄청나게 넓어서 개인이 그것을 총괄하기엔 물론 한계가 있다. 앞으로 기회가 되는 대로 후속작업을 하기로 하고 이 책을 그 출발로 삼고자 한다. 가수와 노래의 선정에도 일정한 주관성이 개입되었음은 물론이다.

중화권의 대중가요, 15억의 노래, 그것은 비유컨대 현대판 『詩經』이다.

목차

제1부 중국대중음악의 별들

제2부 베스트 영화음악

제1부

중국 대중 음악의 별들

01

사랑과 추억의 메신저

진추하(陳秋霞)

얼마 전 수업을 듣는 중국 유학생들에게 가수 진추하를 아느냐고 물어본 적이 있다. 대개 잘 모르는 눈치다. 한국의 젊은이들에겐 더더욱 생소할 것이다. 진추하는 젊은 세대에게는 생소하지만 40대 중반 이후의 중장년 층에게는 꽤 익숙한 이름이다. 몇 년 전 한국을 찾았을 때 여러 언론에서 그녀의 방한을 주목했고, 추억의 스타를 잊지 않는 많은 팬들은 그녀의 방한을 환영했다. 50대임에도 여전히 아름다운 외모를 간직하고 있었다. 아담하고 단아한 홍콩 여인이 거기에 있었다. 내친김에 이름에 대해 한 마디, 秋霞, 즉 가을 노을이란 의미인데, 여러모로 그녀의 이미지와 잘 맞는 것 같다.

유하 감독의 〈말죽거리 잔혹사〉를 보면 진추하의 노래 〈One summer night〉과 〈Graduation Tears〉가 여러 번 흘러나오며 70년대 후반의 아련한 분위기를 돋군다. 아마 그 시절 학창시절을 보냈던 많은 이들에겐 그 노래가 지나간 청춘을 상기시키는 강력한 매개일 것 같다.

진추하는 짧고 굵게 연예생활을 한 케이스다. 1975년 홍콩의 한 가

17

요 콘테스트에 자신이 직접 작곡한 노래 〈Dark side of your mind〉로 참가해 1등을 하며 연예계에 데뷔했다. 이듬해 한중 합작영화 〈사랑의 스잔나〉에 출연했는데 영화의 히트로 전 아시아에서 많은 인기를 끌었다. 영화의 주제곡 역시 진추하가 직접 불렀고 그 역시 상당한 인기를 얻었다. 〈one summer night〉, 〈우연〉, 〈생명지광〉이 바로 그것이다. 이후 몇 편의 영화, 몇 장의 음반을 내며 활동하다가 1981년 한 화교 부호와 결혼을 하며 연예계를 떠난다.

나는 진추하를 극장에서 본 세대는 아니지만 어렸을 때부터 라디오를 통해 그녀의 노래를 자주 들었고, 이후 중국어를 전공하게 되면서 자연스레 진추하에 대해 알게 되었다. 청순하고 단아한 외모에 깨끗하고 호소력 있는 음성은 왜 그녀가 70년대 그토록 많은 사랑을 받았는지 자연스레 알려준다.

진추하는 지난 2006년 25년의 공백을 깨고 다시 앨범을 발표했고 한국 무대에도 섰다. 추억속의 가수, 배우로 그치지 말고 앞으로도 좋은 노래로 많은 이들에게 사랑 받으며 활발히 활동했으면 좋겠다.

〈生命之光〉

一个小小的生命 在愛護下長成 她代表希望 也代表理想 就是宝貴人生

生命歷程有限 只要光輝出現 不管那一天 不管那一年 會使人永懷念
秋的晚霞无限好 匆匆一現 只要秋霞絢爛明艷 珍惜這一天
生命歷程有限 只要光輝出現 不管那一天 不管那一年 會使人永懷念
一个小小的生命 在愛護下長成 她代表希望 也代表理想 就是宝貴人生
生命歷程有限 只要光輝出現 不管那一天 不管那一年 會使人永懷念
不管那一天 不管那一年 會使人永懷念

하나의 작은 생명이 사랑의 보호 속에서 자랍니다
그녀는 나에게 희망이며 이상이고 고귀한 인생입니다
생명은 유한하지만 밝게 비쳐주기만 한다면
하루고 일년이고 언제나 그리움으로 기억될 겁니다
가을저녁의 노을은 너무니 아름디워라
추하의 아름다움이 찬란하게 펼쳐진다면 오늘을 소중하게 간직하리

진추하의 맑고 앳된 음성이 무척 매력적이다. 간단한 멜로디지만 특
유의 감성과 호소력으로 가슴 속의 어떤 것을 자극한다. 아마도 70년
대 진추하를 좋아했던 분들이라면, 곧바로 그 시절의 추억 속으로 되
돌아갈 것 같다.

〈偶然〉

我是天空里的一片云 偶而投影在你的波心 你不必訝异也无須歡喜
在轉瞬間消滅了踪影 你我相逢在黑夜的海上 你有你的我有我的方向
你記得也好最好你忘掉 在這交會時互放的光亮

나는 하늘을 떠도는 한 조각의 구름
그저 가끔 당신의 마음에 그림자를 드리우더라도
당신이 의아해 하거나 기뻐할 필요는 없어요
그 흔적은 눈깜빡할 사이에 사라지고 말테니까요
당신과 나 칠흑같은 어둠의 밤바다에서 만났지만

당신은 당신의 길이 나는 나만의 길이 있습니다
기억해도 좋지만 가장 좋은 건 잊어버리는 것입니다.
우리 만남에서 함께 누렸던 그 빛나던 느낌을 말입니다.

　중국의 유명작가 서지마(徐志摩)의 시에 진추하가 음을 입혔다. 마음에 두고 있지만 이루어질 수 없는 한 여인에 대한 마음을 담담히 써 내려간 가사와 그에 맞는 애달픈 가락이 잘 조화를 이루고 있는 것이다. 2010년 진추하와 제진이 함께 이 노래를 부른 적이 있다. 제진의 부드러운 음성과 진추하의 피아노 반주와 화음이 멋들어지게 어우러진다.

02

중화 대중음악의 최고봉

등려군(鄧麗君)

중화권의 국민가수, 등려군에 대한 수많은 찬사와 수식이 있지만, 나에게 가장 인상적인 것은 "白天听鄧大人的, 晩上听小鄧的"이라는 문장이다. 문장은 대략 이렇게 번역된다. "낮에는 등소평이 지배하고, 밤에는 등려군이 지배한다" 등려군의 인기와 영향력이 어떠했는지를 상징적으로 보여주는 대목인 것 같다. 군가와 혁명가가 크게

울려 퍼지는 7, 80년대 중국 대륙에 그 애간장을 다 녹이는 듯한 등려군의 꾀꼬리 같은 음성이 겹치는 것은 하나의 강렬한 이미지다. 그리고 그녀가 중화 대중음악의 최고봉이라고 하는데 이견을 달 이는 없을 것이다.

등려군은 1953년 대만출신으로 1970년 대만의 드라마 주제곡

을 부르면서 활동을 시작했다. 대만과 홍콩은 물론 일본 및 싱가폴, 말레이시아 등 여러 곳에서 활동했다. 중국 대륙에서는 그녀의 노래가 금지곡이었지만, 막는다고 될 일이 아니었다. 그녀의 인기는 막대했고 전 중화권을 하나 되게 했으며, 나아가 아시아 일대에서 그녀는 범아시아권 스타였다. 유독 우리나라에서는 거의 알려지지 않다가 그녀의 사후 1년 영화 〈첨밀밀〉이 한국에 소개되면서 뒤늦게 알려지게 되었고 인기를 얻게 되었다. 물론 이전에도 〈아래향〉, 〈첨밀밀〉 등의 노래가 일부 알려지기도 했지만 대다수 한국인들은 그녀에 대해 잘 모르고 있었다.

등려군의 아버지는 국민당 군인출신이었고 국공내전 이후 대만으로 건너왔다. 그러한 아버지의 영향으로 군대 위문공연에 활발히 참여하기도 했다. 70년부터 활동을 시작하여 홍콩, 말레이시아, 싱가폴 등 점차 활동무대를 넓혀가던 중 일본 음반회사 사장의 제안으로 1973년 일본무대에 데뷔하기에 이른다. 일본에서도 상당한 인기를 끌었고 전 일본 방송대상 등 많은 상을 수상했다. 등려군의 일본진출에는 적잖은 의미가 있다. 오랫동안 주로 일본의 대중문화를 수용하는 입장에 있던 대만이었는데 역으로 등려군이라는 걸출한 가수가 등장 일본 가요계에 파장을 던졌다는 점은 일정한 문화적 의미가 있는 것이다.

등려군의 노래가 대륙에서는 줄곧 금지곡이었다는 점을 조금 이야기해보자. 아마도 그녀가 대만 출신이라는 점, 게다가 공산당과 맞섰던 부친의 경력과도 연관이 있을 것 같다. 또한 등려군이 일본에서 활동하고 일본인 출신으로 만주국을 찬양했던 이향란의 노래들을 여러 곡 다시 불렀다는 점 등등도 그녀의 노래가 금지곡으로 선정된 것과 관련이 있을 듯 하다. 실제로 등려군의 노래는 대륙과 대만 양안관계가 어느 정도 해소된 1987년까지 금지곡이었지만, 그러한 조치로 등려군의 노래를 막을 수는 없었다. 대륙에서 등려군의 인기는 하늘을 찔렀고 많은 사람들의 심금을 울렸다.

그렇게 전중화권에서 국민가수였던 등려군의 갑작스러운 죽음은 많은 중국인에게 충격과 슬픔을 안겼다. 그녀의 죽음을 둘러싸고 많은 이야기가 양산되었는데, 그것은 역으로 그녀의 영향력을 입증하는 것이기도 할 것이다. 공식적인 사인으로는 갑작스런 기관지 천식의 발작이라고 알려져 있다. 천상의 목소리를 가진 등려군이 천식을 갖고 있었다는 점도 참으로 뜻밖이다. 그녀의 나이 아직은 너무나 젊은 42세였다.

〈我只在乎你〉

如果沒有遇見你 我將會是在哪里 日子過得怎么樣 人生是否要珍惜 也許認識某一人 過着平凡的日子 不知道會不會 也有愛情恬如蜜 任時光匆匆流去 我只在乎你 心甘情愿感染你的气息 人生几何能够得到知己 失去生命的力量也不可惜 所以我求求你 別讓我离開你 除了你, 我不能感到 一絲絲情意 如果有那么一天 你說卽將要离去 我會迷失我自己 走入无邊人海里 不要什么諾言 只要天天在一起 我不能只依靠 片片回憶活下去 任時光匆匆流去 我只在乎你 心甘情愿感染你的气息 人生几何能够得到知己 失去生命的力量也不可惜 所以我求求你 別讓我离開你 除了你 我不能感到 一絲絲情意 任時光匆匆流去 我只在乎你 心甘情愿感染你的气息 人生几何能够得到知己 失去生命的力量也不可惜 所以我求求你 別讓我离開你 除了你 我不能感到 一絲絲情意

23

만약 당신을 만나지 못했다면 나는 어디에 있을까요. 어떻게 살았을까요

인생이 소중하다는 것을 알기나 했을까요. 어쩌면 누군가를 만나 평범하게 살았을지도 모르고 또 달콤한 사랑을 했을지도 모릅니다. 세월이 빠르게 흐른대도 나에겐 오직 당신뿐입니다 당신의 숨결에 중독되길 간절히 바랍니다. 인생을 살며 진정한 친구를 몇이나 얻을 수 있을까요. 생명을 잃어버린대도 아깝지 않아요. 그러니 당신을 떠나지 않게 해주세요. 당신이 아니면 나는 어떤 사랑도 할 수 없으니까요.

최대한 절제하고 담담히 무심한 듯 부르지만, 역시 가슴을 울리는 곡이다. 애절한 가사, 청량한 음성, 빠져들 수 밖에 없다. 아, 등려군, 역시 명불허전이다.

■

〈我的愛人 再見〉

GOODBYE MY LOVE 我的愛人 再見 GOODBYE MY LOVE 相見不知 那一天 我把一切給了你 希望你要珍惜 不要辜負我的眞情 GOODBYE MY LOVE 我的愛人 再見 GOODBYE MY LOVE 從此和你分离 我會永 遠永遠愛你在心里 希望你不要把我忘記 我會永遠怀念你 溫柔的情怀里 熱紅的心怀念你 恬蜜的吻怀念你 那醉人的歌聲 怎能忘記這段情 我的愛 再見 不知那日再相見 (再見了我的愛人 我將永遠不會忘記你 也希望你 不要把我忘記 也許我們還會有見面的一天 不是嗎) GOODBYE MY LOVE 我的愛人 再見 GOODBYE MY LOVE 從此和你分离 我會永遠永 遠愛你在心里 希望你不要把我忘記 我會永遠怀念你 溫柔的情怀里 熱紅 的心怀念你 恬蜜的吻怀念你 那醉人的歌聲 怎能忘記這段情 我的愛再見 不知那日再相見 我的愛我相信 總有一天能再見

안녕 내 사랑, 그 언제나 만날지 모르겠네요. 나는 내 전부를 주었어요. 당신이 소중히 해주길 바래요. 내 진심을 저버리지 마세요.

안녕 내 사랑, 이제 당신과 헤어지네요. 나는 마음 속에서 영원히

당신을 사랑할 거에요. 당신도 나를 잊지 않길 바래요.

　　나는 영원히 당신의 따뜻한 마음을 그리워하고 당신의 뜨거운 마음을 그리워해요. 당신의 달콤한 입맞춤과 당신의 사람을 취하게 하는 노래를 그리워해요. 어찌 이 마음을 잊을 수 있을까요. 안녕 내 사랑. 언제 다시 볼지 모르지만. (다시 만나요. 내 사랑. 나는 영원히 당신을 잊지 않아요. 당신도 나를 기억해주세요. 아마도 언젠가 우리는 다시 만날 거에요. 그렇지 않나요?)

　　가슴 깊이 파고드는 등려군의 매혹적인 목소리가 일품인 노래다. 말 그대로 애간장을 녹이는 꾀꼬리 같은 음성이다. 노래 중간 등려군이 독백 빛 마니를 하는데, ㅗ 또한 너무나 매력적이다. 등려군 쏘에버!

03

노래로 세월을 조각한다

채금(蔡琴)

등려군과 쌍벽을 이루며 전 중화권의 사랑을 받는 또 다른 가수가 채금이다. 편안하면서도 서정적인 노래, 쓸쓸한 듯 또 다정하게 인생, 사랑, 이별을 이야기하는 그녀의 노래는 많은 중국인들의 가슴을 위로해주는 청량제 같은 역할을 한다.

채금은 1957년 대만 타이베이에서 태어났고 1979년 〈恰似你的溫柔(당신의 따사로움과 같이)〉라는 노래를 히트시키면서 본격적인 가수인생을 시작했다. 채금은 배를 타는 선장 아버지와 잡지사 편집인인 어머니 밑에서 자랐다고 알려져 있다. 배를 타느라 자주 집을 비우는 아버지의 직업 때문에 어린 시절부터 이별과 재회의 감정을 자주 체험했다고 하는데, 그녀 노래 전반에 흐르는 담담한 슬픔은 이런 성장배경과도 연관이 있어 보인다. 또한 채금은 중국의 옛 전통문화에 조예가 깊다고 알려져 있는데, 그것 역시 그녀의 노래에 자연스럽게 배어나오는 것 같다. 소박하고 진실한 감정, 사라져 가는 옛것에 대한 그리움을 담담하게 부르는 채금의 노래는 그러한 배경을 두르고 있다.

채금은 종종 등려군과 비교된다. 등려군은 생전에 대륙에서의 콘서트를 하지 못했지만, 채금은 2001년 오랜 숙원을 푼다. 중국 광주에서 콘서트를 열어 많은 이들의 갈채를 받는다. 수많은 대륙인들이 그녀를 보러 광주로 몰려들었다. 이후 대륙의 많은 도시에서 채금의 콘서트가 이어졌고 매회 열광적인 반응을 이끌어냈다. 그만큼 그녀의 노래는 사람들의 마음을 위로해주는 힘을 지니고 있고, 이에 중화권의 모든 이들이 그녀의 노래를 사랑하고 있다. 우리나라에서는 홍콩영화 〈무간도〉의 삽입곡으로 많은 이들이 그 노래의 주인이 누구냐며 채금에 새삼 주목하기도 했는데, 늦어도 한참 늦은 셈이다.

채금을 이야기할 때 빠뜨릴 수 없는 인물로 2명을 이야기한다. 자신을 스타로 만들어준 작곡가 양홍지와 그녀의 남편이었던 저명 영화감독 양덕창이다. 양홍지와의 인연은 그 후 20년간 지속되었다. 양덕창과 10년의 결혼생활을 유지했는데 평탄치 않았던 그 시간이 그녀에게 많은 상처를 준 것 같다. 2007년 양덕창이 세상을 떴을 때 채금은 그에 대한 복잡한 심경을 이야기한 바 있다. 그러한 인생의 굴곡은 고스란히 그녀의 노래에 담겨있을 것이다. 한 평론가의 평이 적절한 것 같다. "채금은 노래로 세월을 조각해가고 있는데 너무나 섬세하고 생동적이다. 잔잔히 흐르

는 물소리와 같은 그의 노래를 들으면서 사람들은 평온하고 침착해 진다."

※

〈恰似你的溫柔〉

某年某月的某一天 就像一張破碎的臉 難以開口道再見 就讓一切走遠 這不是件容易的事 我們却都沒有哭泣 讓它淡淡的來 讓它好好的去 到如今年夏一年 我不能停止懷念 懷念你懷念從前 但願那海風再起 只爲那浪花的手 恰似你的溫柔

모년 모월 모일. 마치 깨어져 버릴 것 같은 표정. 차마 안녕이라고 말하기는 너무 어려웠지만 모든 걸 멀리 떠나가게 했어. 그것은 어려운 일이었지만 우리는 울지 않았지. 담담히 그것을 받아들였고 잘 떠나보냈어. 지금까지 해가 갈수록 나는 그리워하는 것을 멈출 수가 없네. 당신을 그리워하고 예전을 그리워하네. 해풍이 다시 불기를 바라노니 다만 그 파도의 손길이 마치 당신의 그 따뜻함 인 것 같아서.

채금의 매력이 가장 잘 드러나는 곡이 바로 이 노래 아닐까 싶다. 언제 들어도 좋고 감성을 건드려 준다. 아, 인생은 그 자체가 그리 쓸쓸한 것인가, 하는 생각이 든다. 이것이야 말로 채금의 매력이고 또 힘이 아닐까 싶다.

※

〈你的眼神〉

像一陣細雨撒落我心底 那感覺如此神秘 我不禁抬起頭看着你 而你并不露痕迹 雖然不言不語 叫人難忘記 那是你的眼神 明亮又美麗 啊 有情天地 我滿心歡喜 像一陣細雨撒落我心底 那感覺如此神秘 我不禁抬起頭看着你 而你并不露痕迹 雖然不言不語 叫人難忘記 那是你的眼神 明亮

又美麗 啊 有情天地 我滿心歡喜 雖然不言不語 叫人難忘記 那是你的眼
神 明亮又美麗 啊 有情天地 我滿心歡喜

　　마치 가는 비가 내 마음 속으로 떨어지는 것처럼 그 느낌은 이렇게
신비롭네. 나는 참지 못하고 고개를 들어 당신을 바라보지만 당신은
어떤 반응도 보이지 않네. 비록 말하진 않아도 잊기 어려운 것은 당신
의 눈빛. 밝고도 아름다워라. 아. 사랑으로 가득 찬 세상. 나는 기쁨으
로 가득하네.

　채금의 목소리는 언제나 가슴 속에서 쓸쓸함을 끌어올린다. 악기를
최대한 배제한 채 거의 생음으로 담담히 부르는데도 느낌이 장난 아니
다. 간결한 대사, 그러나 만 마디 말보다 많은 것을 표현하고 있다.

중화권의 거물급 작사가

　우리와는 좀 다르게 중화권에서는 작사가의 지위가 높다. 특히 몇몇
특정 작사가의 명성은 전 중국인들이 알 만큼 높은 것 같다. 이는 표의성
이 강한 한자의 특성과도 꽤 연관이 잇을 것 같다. 함축적이면서도 다양
한 의미를 내포할 수 있는 한자의 특징과 글자와 문장을 중시하는 중국
문화를 고려한다면 어느 정도 수긍이 가는 대목이기도 하다. 심지어 누
가 부른 노래냐 이전에 누가 작사했느냐가 먼저 이야기되기도 한다. 많
은 중국인들이 손꼽는 스타 작사가 2명을 간단히 짚어보도록 하자.

　홍콩 최고의 작사가로 유명한 임석(林夕)은 홍콩대학 문학원을 졸업
했고 1986년부터 작사일을 시작했다. 장국영, 비욘드, 왕비, 황요명, 진
역신 등 많은 홍콩 톱가수들의 노래를 작사하면서 일약 유명세를 타게

되었다. 특히 왕비의 노래들을 많이 작사하면서 환상의 호흡을 자랑했다. 풍부한 문학적 소양을 바탕으로 섬세하고 감성적인 가사를 쓰는 것으로 이름이 높다. 〈임석음악사전〉, 〈임석自專〉 등의 앨범을 따로 낼 정도로 지명도가 높고, 노래에 임석이라는 이름이 들어가면 그 질을 보장한다는 말이 있을 정도라고 한다.

방문산(方文山)은 대만출신으로 역시 중화권 최고의 작사가로 이름이 높다. 특히나 주걸륜과의 콤비로 유명하다. 그 역시 문학성과 감수성이 뛰어난 가사로 이름이 높다. 또한 그의 가사는 중국문화를 깊숙이 투영시키기 때문에 중국과 중국문화에 대한 이해가 없다면 완벽히 알아듣기 어려운 것으로 이야기 된다. 마치 한편의 시를 연상시킨다는 평이다. 대표작을 몇 편 꼽으면 周杰倫의〈菊花台〉,〈上海1943〉,〈最后的戰役〉,〈珊瑚海〉 등과 SHE의〈候鳥〉, 阿桑의〈一直很安靜〉 등이 있다.

04

젊음에서 관록으로

제진(齊秦)

얼마 전 중국판 〈나는 가수다〉에 제진이 출연해 화제를 모았다. 힘을 빼고 편안히 부르는 모습에서 관록이 느껴졌다. 제진이 누군가. 중화권에서 30년에 걸쳐 노래를 한 가수며 숱한 히트곡을 남긴 톱스타다. 또한 아시아의 톱 여배우 왕조현과 오랜 시간을 두고 연인관계를 유지하며 많은 이들의 질투를 샀던 남자이기도 하다. 〈나는 가수다〉 제작팀이 여러 레전드급 가수들에게 출연요청을 했을 때 대개는 고사를 했다는데, 제진은 달랐다. 많은 이들의 환호를 받으며 1회 경연에서 1등을 차지했다.

제진은 80년대 초 데뷔한 이래 직접 작사 작곡을 겸한 싱어송라이터였고, 통키타의 마지막 세대이기도 했다. 8, 90년대 중화권 대중음악에서 빠뜨릴 수 없는 스타다. 특히 등려군 이후 대만, 홍콩의 음악들이 대륙으로 들어오는 초창기 무렵부터 큰 인기를 끌었다. 매끈한 외모에 긴 장발을 늘어뜨린 채 자유롭게 기타를 치는 제진의 모습에 많은 대륙의 젊은이들이 열광했던 것이다. 수많은 노래들 중 특히나 〈外面的世界〉,

〈原來的我〉 등의 노래가 국민적인 사랑을 받았고 지금까지도 자주 들려온다. 자유로운 보헤미안의 이미지가 그의 트레이드 마크였다.

대만 대중에서 출생한 제진은 1980년 고교를 졸업하고 식당에서 노래를 하다가 발탁되어 연예계에 진출하였다. 〈大略在冬季〉, 〈狼〉을 크게 히트시키며 중화권 가요계에서 입지를 다졌고 이후 30년간 꾸준히 활동하며 사랑을 받고 있다.

〈无情的雨无情的你〉

无情的雨无情的你 曾經想起在這樣的夜里 依然清晰雨中的我和你 從沒忘記分手時的心情 雨中的你不再感到熟悉 无情的雨輕輕把我打醒 讓我的泪和雨水一樣冰 无情的你不再怀念過去 讓我的情也從此被否定 什么原因讓我倆在一起 過去的你我不想再提起 不再牢記我和你的約定 雨中你一再讓我哭泣 讓我哭泣 无情的雨輕輕把我打醒 讓我的泪和雨水一樣冰 无情的你不再怀念過去 讓我的情也從此被否定 原來你的心中已經有人代替 讓流出的泪也能够化成雨 无情的雨輕輕把我打醒 讓我的泪和雨水一樣冰 无情的你不再怀念過去 讓我的情也從此被否定

무정한 비, 무정한 당신 그 밤을 생각해 보았네 여전히 맑은 빗속에 있는 나와 당신. 이별의 마음을 한번도 잊은 적이 없지. 빗속의 당신은 더 이상 내가 알던 사람이 아니었어. 무정한 비가 가볍게 나를 일깨우네. 내 눈물을 빗방울처럼 떨어지게 했지. 무정한 당신은 더 이상 예전을 그리워하지 않아 내 마음을 부정하게 만들어. 무엇이 우리로 하여금 과거의 당신과 나를 다시 말하게 하지 않는 것인지 더 이상 우리의 약속을 가슴속에 새기게 하지 않는 것인지. 빗속의 당신은 또다시 나를 울리네. 나를 울리네. 알고 보니 당신의 마음엔 이미 다른 이가 자리를 잡아서 흐르는 내 눈물을 빗방울로 변하게 했나봐.

맑고 섬세한 음색이 매력적인 곡으로, 낭만주의자 제진의 분위기와 제대로 들어맞는 곡이다. 상당히 감미롭고 애틋하다.

〈外面的世界〉

在很久很久以前 你擁有我 我擁有你 在很久很久以前 你离開我 去遠空翱翔 外面的世界很精彩 外面的世界很无奈 当你覺得外面的世界很精彩 我會在這里衷心的祝福你 每当夕陽西沉的時候 我總是在這里盼望你 天空中雖然飄着雨 我依然等待你的歸期 在很久很久以前 你擁有我 我擁有你 在很久很久以前 你离開我 去遠空翱翔 外面的世界很精彩 外面的世界很无奈 当你覺得外面的世界很无奈 我還在這里耐心的等着你 每当夕陽西沉的時候 我總是在這里盼望你 天空中雖然飄着雨 我依然等待你的歸期 外面的世界很精彩 外面的世界很无奈 当你覺得外面的世界很无奈 我還在這里耐心的等着你 每当夕陽西沉的時候 我總是在這里盼望你 天空中雖然飄着雨 我依然等待你的歸期 我依然等待你的歸期

아주 아주 오래전에 당신은 나를 나는 당신을 사랑했죠. 아주 아주 오래전 당신은 나를 떠났고 먼 곳으로 날아갔죠. 바깥 세상은 아주 멋지고 또 바깥세상은 아주 힘들기도 하죠. 당신이 바깥세상이 멋지다는 것을 알게되면 나는 여기서 당신을 축복할 겁니다. 석양이 서쪽으로 질 때 나는 언제나 여기서 당신을 기다립니다. 하늘엔 비가 흩날리지만 나는 여전히 당신이 돌아오길 기다립니다.

제진의 대표곡 중 하나로 서정적이면서 울림 있는 곡이다. 모든 곡을 직접 작사, 작곡하는 제진의 내면이 잘 투영된 곡으로 보인다. 마치 노래하는 음유시인 같다고 할까.

15억의 노래 - 제1부 중국대중 음악의 별들

05

폐부를 파고드는 절창

왕걸(王傑)

중화권의 남자가수를 이야기할 때 왕걸을 빼놓을 수 없다. 현재까지 8700만장의 기록적인 판매고를 가지고 있는 슈퍼스타고, 노래 잘하고 음악성 뛰어난 가수로 정평이 나 있다. 특히 왕가위의 눈부신 데뷔작 〈열혈남아〉 속 삽입곡으로 우리에게도 강렬한 인상을 주었다. 가수로 최고의 자리에 선 것은 물론 그 역시도 여러 영화에 출연하기도 했다. 왕걸의 노래는 한번 들으면 결코 잊혀지지 않는 긴 여운을 남긴다. 그의 목소리엔 묘한 힘이 있는 것 같다. 비장하고 강렬한 매력이 있다. 그런 특징 때문에 영화 주제곡을 많이 불렀던 것 같다. 비가의 제왕이라는 호칭도 그래서 붙은 것이다.

왕걸은 1962년 홍콩에서 태어났고 1987년 대만에서 가수활동을 시작했다. 데뷔 전까지 엑스트라, 택시기사 등 여러 험난한 직업을 전전했다. 배우였던 아버지로부터 영향을 받았지만, 부모는 그가 12세 때 이혼을 했고 이후 왕걸은 혼자서 외롭게 성장했다. 힘든 생활 속에서도 음악에 대한 이상을 품고 있던 왕걸은 마침내 기회를 잡았고 대만

의 음반회사에서 첫 앨범을 내놓게 된다. 그것이 그 유명한 〈一場游戲一場夢〉이었는데, 빅히트를 기록하면서 그의 음악인생은 화려하게 막이 오른다. 두 번째 음반은 우리에게도 잘 알려진 노래, 바로 〈열혈남아〉에 수록되기도 한 〈忘了你, 忘了我〉다.

대만에서 데뷔앨범을 내고 크게 성공시킨 뒤 홍콩으로 금의환향한다. 알란탐, 장국영 등이 주름 잡고 있던 당시 홍콩 음악계에 젊은 청년 왕걸이 등장, 신화를 써가기 시작한다. 몇 옥타브를 넘나드는 중화권 최고의 가창력과 폐부를 파고드는 절절한 감성으로 내는 노래마다 히트를 시켰고, 이윽고 수천만장의 판매고를 기록하게 된다. 인기에 힘입어 여러 편의 영화에도 출연하여 배우로도 맹활약하였다.

〈一場游戲一場夢〉

不要談什么分离 我不會因爲這樣而哭泣 那只是昨夜的一場夢而已 不要說愿不愿意 我不會因爲這樣而在意 那只是昨夜的一場游戲 那只是一場游戲一場夢 雖然你影子還出現我眼里 在我的歌聲中早已沒有你 那只是一場游戲一場夢 不要把殘缺的愛留在這里 在兩个人的世界里不該有你 哦, 爲什麼道別离, 又說什麼在一起 如今雖然沒有你,我還是我自己 說什麼此情永不渝 說什么我愛你 如今依然沒有你 我還是我自己 一場游

戲一場夢 那只是一場游戲一場夢 雖然你影子還出現我眼里 在我的歌聲
中早已沒有你 那只是一場游戲一場夢 不要把殘缺的愛留在這里 在兩个
人的世界里不該有你 哦，爲什麼道別离，又說什麼在一起 如今雖然沒
有你，我還是我自己 說什麼此情永不渝 說什么我愛你 如今依然沒有你，
我還是我自己 爲什么道別离，又說什么在一起 如今雖然沒有你，我還是我
自己 說什麼此情永不渝 說什么我愛你 如今依然沒有你 我還是我自己

어떤 이별이라고 말하지 마라. 난 그 때문에 울지 않을거니까. 그것
은 지난밤의 한바탕 꿈일 뿐. 원하는지 아닌지 묻지 마라. 나는 그 때
문에 마음쓰지 않을 거니까. 그것은 단지 지난밤의 유희였을 뿐. 그것
은 다만 한바탕의 유희였고 꿈이었을 뿐이니까. 비록 당신의 그림자가
아직 내 눈앞에 나타나지만 내 노래에는 이미 당신이 없었어.

왕걸의 이름을 널리 알린 곡으로 애절하면서도 힘이 있고 호소력이
있다. 또한 풋풋함도 느껴진다. 아, 문득 80년대가 그리워진다.

〈傷心1999〉

台北的黃昏 人海在浮沉 我也在浮沉 匆忙的脚跟空洞的眼神 心事就
別問 我只是个平凡男人 感情也只貪个安穩 所有認眞所有責任被你看得
不值一文 原來所謂的殘忍看不到傷痕 想着你的吻却化成咒語 我難以放
手 不怪你太狠怪我太愚蠢 還相信永恒 世紀末的冷酷預言一点一滴正在
發生 再多努力再多苦撑也要失去愛的可能 原來堅持的完整 代价是要讓
人掏空灵魂 傷心一九九九 算了天長地久 不過是拼命追求喜新厭旧的年
頭 我的愛對你來說如果是个毒瘤慘劇 我來收 算了吧一九九九 忘了曾經
擁有 也忘了要牽要放要分都是你的手 從今如死了一个瀕臨絶种的溫柔
多一个愛情殺手 离開你的世紀 我走進沒有溫度 絶情的風景当地球轉到
盡頭 也找不回我的眞心 傷心一九九九 算了天長地久 不過是拼命追求喜
新厭旧的年頭 我的愛對你來說如果是个毒瘤慘劇 我來收 算了吧一九九
九 忘了曾經擁有 也忘了要牽要放要分都是你的手 從今如死了一个瀕臨

37

絶种的溫柔 多一个愛情殺手 算了吧一九九九 忘了曾經擁有 也忘了要牽
要放要分都是你的手 從今如死了一个瀕臨絶种的溫柔 多一个愛情殺手

타이베이의 황혼 사람들도 출렁이고 나도 출렁이네 바쁜 발걸음 공
허한 눈빛 내 심정을 묻지마 난 단지 평범한 남자 감정은 다만 평안하
길 바랄뿐. 모든 정성과 모든 책임도 당신에겐 한푼의 가치도 없겠지.
원래 그렇게 잔인한 것, 상처의 흔적조차 없어 당신의 입맞춤을 생각
하지만 도리어 저주로 바뀌고 난 몸을 돌리기도 어려워 당신이 너무
한다 원망하진 않아 영원할거라 믿었던 나를 탓할뿐. 세기말의 냉혹한
예언들이 하나하나 실제로 나타나고 있어. 다시 얼마나 노력하고 또
얼마나 고통스러워야 잃어버린 사랑을 되찾을수 있을까. 슬픈 1999 그
만두자 하늘과 땅처럼 오래되었다. 하지만 목숨걸고 추구했던 것 새로
운 것을 기뻐하고 오래된 것을 싫증내던 세월이었지 당신에 대한 내
사랑이 만약 종양과 같다면 내가 책임을 지리. 다 그만두자 1999년 소
유했던 것을 이미 잊었으니. 또한 잡아야 했고 놓아야 했으며 헤어져
야 했던 너의 손을 다 잊었어. 이제는 거의 사라진 따스함도 죽어버렸
지. 많은 사랑의 살수(殺手) 당신과 헤어진 세기. 나는 온기없는 냉정
한 세계로 걸어들어간다. 지구가 좌전을 다한 이때 나의 진심은 어디
서도 찾을수 없네.

왕걸 특유의 강렬하고 어두운 음색이 잘 드러난 곡이다. 우리로 치
면 박완규나 신성우가 연상된다.

경계 넘나들기

중화권 연예인들과 우리의 연예가를 비교했을 때 가장 두드러지는 차
이 중 하나가 중국의 경우 자유롭게 경계를 넘나든다는 점이다. 다시
말해 중화권에서는 가수와 배우를 자유자재로 넘나든다. 배우가 감독을
겸하는 것도 자연스럽다. 예를 들어 소위 홍콩 4대천황이라고 불리는

유덕화, 장학우, 여명, 곽부성은 모두 일급배우이자 가수이다. 아무도 그들의 실력을 의심하지 않는다. 두 영역을 넘나드는 것이 너무나 자연스럽다. 게다가 한 걸음 더 나아가 직접 감독을 맡고 제작자로도 활약한다. 자, 이번엔 최근의 왕리홍과 주걸륜을 보자, 두 사람 모두 가수로서 확고하고 배우로도 종횡무진한다. 한걸음 더 나아가 감독도 한다. 꽃 같은 여배우 조미도 감독을 하고 서정뢰, 양채니도 감독을 한다. 그 밖에도 너무나 많은 예들이 있고 그러한 분위기가 상당히 보편적이다.

반면 우리 한국은 그렇지 않은 것 같다. 시스템 자체가 철저히 나뉘어 있고, 각 영역은 텃세가 심하다. 물론 최근 들어 몇몇 아이돌이 드라마나 영화, 뮤지컬 등에 활발히 참여하고 있지만 그들을 바라보는 대중들의 시선은 그리 긍정적이지 않다. 가수면 가수나 하고, 배우면 배우나 하지, 라는 식으로 선입견을 두고 바라보는 것 같다. 또한 배우가 감독으로 나서면 그 역시 장점으로 보기 보다는 선입견이 앞서는 것 같다. 돌아보니 나부터도 그런 생각을 했던 것 같다.

연예계는 끼로 똘똘 뭉친 이들이 판을 벌이는 곳이다. 어떤 분야보다 자유롭게 자신의 끼와 능력을 마음껏 펼쳐야 되는 분야일 텐데, 우리는 그러지 못하는 것 같다. 배타적 시선, 선후배 간의 엄격한 서열, 특정 소속사, 제작사 등을 중심으로 움직이는 시스템 등등과 연관이 있는 것 같다. 90년대 김민종, 임창정 등이 노래와 연기를 겸했던 적이 있다. 두 사람 모두 연기와 노래 두 분야에서 모두 많은 인기를 끌었지만, 계속 활동하지 않는 것을 보면 한국에서 두 길을 함께 간다는 것이 결코 쉽지 않은 것 같다. 좀 더 열린 마음으로 그들의 활동을 바라보고 지지해주면 어떨까. 우리 대중스타들이 더욱더 경쟁력을 가지고 세계를 향해 뻗어나갈 수 있지 않을까.

06

레전드

나대우(羅大佑)

요즘 중국에서 각종 음악 오디션 프로그램이 화제를 모으고 있다. 유명가수들을 심사위원, 혹은 멘토로 두고 있는데, 오랜만에 레전드들을 화면으로 보고 있자니 감회가 새롭다. 그중 가장 반가운 이는 바로 나대우였다. 〈中國最强音〉이란 프로그램의 심사위원을 맡았는데, 그 사실 하나만으로도 프로그램에 무게가 실린다. 프로그램의 마지막 회던가, 장쯔이 등 다른 심사위원들의 요청에 못이겨 나대우가 노래를 한곡 부른다. 자신이 만들고 등려군이 불러 큰 사랑을 받았던 노래 〈愛的箴言〉을 부르는데, 명불허전, 감동이 폐부 깊숙이 밀려든다.

개인적으로 나대우란 가수를 알게 된 것은 80년대 후반이다. 당시 홍콩영화에 푹 빠져있던 나는 〈우견아랑〉이란 영화를 통해 그의 음악을 처음 접했다. 영화는 관객들을 웃기고 울렸다. 총잡이 주윤발이 아닌 싱글팜 주윤발의 모습이 색다르고 신선했고, 옛 여인이자 아이의 엄마인 장애가와의 재회, 안타까운 비극적 결말이 가슴 아팠다. 그 영화를 더욱 인상적으로 기억하게 해준 것이 바로 영화에 삽입된 노래들이었는데, 〈戀曲 1990〉과 〈你的樣子〉 두곡은 정말 좋았다. 전자는 유쾌했고 후자는 가슴을 후볐다.

　나대우는 70년대 말, 80년대 초 침체된 대만 가요계에 혜성같이 등장하여 활기를 불어넣어 대만 가요계에 한 획을 그었다고 평가된다. 그의 데뷔앨범 〈之乎者也〉는 기념비적인 앨범이다. 여기에 수록된 〈童年〉, 〈光陰的故事〉, 〈연곡 1980〉 등은 시간을 넘어 사랑을 받고 있으며, 나대우는 중화권 대중음악계의 대부라고 불리워진다. 그는 뛰어난 가수에 그치지 않는다. 등려군이 불러 히트시킨 〈愛的箴言〉을 비롯 수많은 곡을 만든 작사, 작곡가이고 프로듀서, 제작자로서의 영향력도 막대하다.

　1954년 대만에서 태어났고, 집안은 대대로 의사집안이었다. 그 역시도 대만의학대학을 졸업하고 국가고시에도 합격한 재원이다. 하지만 고교시절부터 학교 그룹에서 건반을 맡았고 이 시기부터 작곡 등 음악에 심취하기 시작한다. 70년대 중반부터 영화 음악을 작곡하는 등 본격적인 활동을 시작하였고 1981년도에는 유명 연예인인 장애가의 음반을 제작하기에 이른다. 1982년 〈지호자야〉로 데뷔한다. 이 음반은 대만 가요계에 큰 파장을 던졌을 뿐 아니라 급격한 경제발전이 진행 중인 대만사회 전반에도 반향을 일으켰다. 예컨대 정신없이 돌아가는 현대 사회 속에서 전통이란 무엇인가에 대한 화두를 던지고 민족, 계층, 각종 사회적 부조리 등등에 대한 비판과 성찰을 이끌어냈다. 단순한 가수를 넘는 영향력을 확보했다. 80년대 중반 이후엔 홍콩으로 활동 근거지를 옮겼고, 2000년에는 북경에도 작업실을 마련한 후 현재는 주로 홍콩과 북경을 오가며 살고 있다. 2009년엔 이종성, 주화건, 장진악과 슈퍼밴드를 결성, 레전드의 저력을 보여주며 의미 있는 활동을 펼쳤다.

〈光陰的故事〉

春天的花開秋天的風以及冬天的落陽 憂郁的青春年少的我曾經无知的這么想 風車在四季輪回的歌里它天天地流轉 風花雪月的詩句里我在年年的成長 生命與告別光陰的故事改變了一个人 就在那多愁善感而初次等待的青春 發黃的相片古老的信以及褪色的圣誕卡 年輕時爲你寫的歌恐怕你早已忘了吧 過去的誓言就象那課本里繽紛的書簽 刻划着多少美麗的詩可是終究是一陣烟 生命與告別光陰的故事改變了兩个人 就在那多愁善感而初次流泪的青春 遙遠的路程昨日的夢以及遠去的笑聲 再次的見面我們又歷經了多少的路程 不再是旧日熟悉的我有着旧日狂熱的夢也不是旧日熟悉的你有着依然的笑容 生命與告別光陰的故事改變了我們就在那多愁善感而初次回憶的青春

봄날의 개화 가을의 바람 겨울의 석양 우울한 청춘 어린시절 나는 무지하여 그렇게 생각했지 세월의 풍차는 계절따라 돌고 도는 노래 속에서 돌아가고 바람 꽃 눈 달의 시구속에서 나는 자라났지 생명과 이별의 세월이야기속에서 한 사람은 변해갔네 겁 많고 여려서 머뭇거리던 청춘이여 누렇게 바랜 사진과 오래된 편지 그리고 퇴색된 크리스마스카드 젊은 시절 당신을 위해 썼던 노래를 아마도 다 잊었겠지. 과거의 맹세들은 마치 책갈피 속 어지럽던 서첩들 같고 새겨져 있던 아름다운 시들은 연기처럼 사라지네

생명과 이별의 세월이야기는 두사람을 변화시켰네 겁많고 여려서 눈물을 흘리던 청춘이여

멀고 먼 여정과 지난날의 꿈 그리고 멀어져간 웃음소리

다시 만난 우리는 또다시 많은 노정을 지나쳤네 이제 나는 예전의 내가 아니지만 예전의 뜨거운 꿈은 사라지지 않았고 당신도 예전의 당신이 아니겠지만 웃는 모습만은 여전하겠지. 생명과 이별의 세월이야기에 우리는 변했구나 겁 많고 여려서 기억에 남는 청춘이여

들고 나면 가슴이 먹먹해지고 한편의 시와 같은 가사를 음미해보면 떠나보낸 지난 청춘이 떠오르는 노래다.

〈童年〉

池塘邊的榕樹上, 知了在聲聲叫着夏天 草叢邊的秋千上, 只有蝴蝶停在上面　黑板上老師的粉筆還在拼命嘰嘰喳喳寫个不停　等待着下課等待着放學等待游戲的童年　福利社里面什么都有就是口袋里沒有半毛錢　諸葛四郎和魔鬼党到底誰搶到那支宝劍　隔壁班的那个女孩怎么還沒經過我的窗前　嘴里的歷史手里的漫畵心里初戀的童年　總是要等到睡覺前才知道功課只做了一点点　總是要等到考試后才知道該念的書都沒有念　一寸光陰一寸金老師說過寸金難買寸光陰　一天又一天一年又一年迷迷糊糊的童年　羅大佑：童年 沒有人知道爲什么太陽總下到山的那一邊 沒有人能够告訴我山里面有沒有住着神仙　多少平日記憶總是一个人面對着天空發呆　就這么好奇就這么幻想這么孤單的童年　陽光下蜻蜓飛過來一片片綠油油的稻田　水彩蜡筆和万花筒畫不出天邊那一條彩虹　什么時候才能像高年級的同學有張成熟與長大的臉　盼望着假期盼望着明天盼望長大的童年　一天又一天一年又一年盼望長大的童年

연못가 용나무 위에서는 매미가 여름을 외치고 운동장 구석의 그네 위에는 나비가 내려앉았네. 칠판 위 선생님의 분필은 분주히 삐걱거리 며 여전히 움직여 멈추지 않고 글씨를 쓰고 있지요. 수업이 끝나기를 기다리고, 방학을 기다리고, 노는 것을 기다렸던 어린 시절. 복리사 안 에는 무엇이든 다 있는데, 호주머니 속에는 반 푼도 없어요. 제갈사랑 와 마귀당, 도대체 누가 그 나무 보검을 부딪치고 있나요? 옆 반의 그 남자아이는 왜 나의 창문 앞으로 아직도 지나가지 않을까요? 입 속에 는 간식이, 손에는 만화책이, 마음속에는 첫사랑이 있었던 어린 시절. 항상 잠이 들고 나서야, 공부를 조금 밖에 하지 않았다는 걸 깨달았죠. 항상 시험을 본 이후에야, 꼭 읽어야 하는 책을 읽지 않았다는 것을 비로소 깨닫게 되었어요. 시간은 금이다 선생님은 한 치의 금으로 한 치의 시간을 살 순 없다고 말씀하셨죠. 하루 또 하루, 일 년 또 일 년, 모든 것이 분명하지 않았던 어린 시절. 아무도 태양이 항상 산의 그 쪽으로 지는 이유를 알지 못했고 아무도 산 속에 신선이 살고 있는 지 아닌지 내게 말해줄 수 없었죠. 수많은 날들을 항상 혼자 하늘을 멍하 니 바라보며 보냈지요. 바로 이렇게 호기심이 많았고, 환상이 많았고, 외롭기도 하였던 어린 시절. 태양 아래 잠자리들은 넓게 펼쳐진 짙푸 른 논 위를 날아다녀요. 수채물감, 크레용과 만화경으로는 하늘가의 그 무지개를 그릴 수 없지요. 언제쯤 고학년 형, 누나들처럼, 성숙하게 자라고 어른스러운 얼굴을 가지게 될까요. 휴일을 간절히 바라고, 내 일을 간절히 바라고, 어른이 되길 간절히 바랐던 어린 시절. 하루 또 하루, 일 년 또 일 년, 어른이 되길 간절히 바랐던 어린 시절.

하루하루가 즐겁고 온갖 호기심으로 세상이 궁금하던 시절, 빨리 어 른이 되고 싶었던 동년을 노래하고 있다. 어린 시절에 대한 향수와 아 련한 추억을 상기시키는 노래다.

07

마이더스의 손

이종성(李宗盛)

대만 가요계를 이야기할 때 나대우가 더불어 이종성을 빠뜨릴 수 없다. 작곡가 겸 가수이며 프로듀서로 큰 영향력을 갖고 있다. 80년대부터 수많은 히트곡을 만들어냈고, 주화건, 신효기, 장신철, 막문위, 양정여 등의 쟁쟁한 스타가수를 발굴하고 성공시킨 이른바 대중음악계의 마이다스의 손이다. 또한 스스로도 〈當愛已成往事〉, 〈30歲以後〉 등 많은 히트곡을 가지고 있다.

1979년 친구들과 그룹을 만들어 활동을 시작했고 1980년 앨범을 발표하며 대만 음악계에 정식 데뷔를 한다. 이후 장애가를 시작으로 여러 가수들의 노래를 만들어 주는 한편, 영화, MC 등 그 활동 영역을 넓혀나간다. 수많은 히트곡을 만들면서 대중음악계의 거물로 자리를 굳혔다. 많은 가수들이 그를 음악적 스승으로 삼고 있다. 쉬운 가사와 감성적인 멜로디, 그리고 대중을 읽는 눈까지 두루 갖춘 만능 엔터테이너다.

올 초 나대우 등과 꾸린 슈퍼밴드 신년맞이 공연에서 이종성이 87세인 자신의 어머니가 앞에서 지켜본다는 멘트를 한 적이 있다. 중화권 대중음악계의 거장으로 큰 성공을 거둔 아들을 지켜보는 어머니는 분명 그를 대견해했으리라 생각된다. 개인적으로 가장 좋아하는 이종성의 노래는 영화 〈패왕별희〉의 주제곡이다. 이종성이 만들고 그가 발굴한 가수 임억련과 듀엣으로 부른 곡이다.

〈當愛已成往事〉

往事不要再提 人生已多風雨 縱然記憶抹不去愛与恨都還在心底 眞的要斷了過去 讓明天好好継續 你就不要再苦苦追問我的消息 愛情他是个難題 讓人目眩神迷 忘了痛或許可以忘了你却太不容易 你不曾眞的离去你始終在我心里 我對你仍有愛意我對自己无能爲力 因爲我仍有夢依然將你放在我心中 總是容易被往事打動總是爲了你心痛 別流連歳月中我无意的柔情万种 不要問我是否再相逢 不要管我是否言不由衷 爲何你不懂 (別說我不懂) 只要有愛就有痛 (有愛就有痛) 有一天你會知道 人生沒有我并不會不同 (沒有你會不同) 人生已經太匆匆 我好害怕總是泪眼朦朧 (泪眼朦朧) 忘了我就沒有用將往事留在風中 往事不要再提 人生已多風雨 縱然記憶抹不去愛与恨都還在心底 眞的要斷了過去 讓明天好好継續 你就不要再苦苦追問我的消息 爲何你不懂 (別說我不懂) 只要有愛就有痛 (有愛就有痛) 有一天你會知道 人生沒有我并不會不同 (沒

有你會不同) 人生已經太匆匆 我好害怕總是泪眼朦朧 (泪眼朦朧) 忘了
我就沒有用將往事留在風中 爲何你不懂 (別說我不懂) 只要有愛就有痛
(有愛就有痛) 有一天你會知道　人生沒有我幷不會不同 (沒有你會不
同) 人生已經太匆匆 我好害怕總是泪眼朦朧 (泪眼朦朧) 忘了我就沒有
痛 忘了你也沒有用 將往事留在風中

지난일은 다시 얘기하지 말아요. 인생에는 아직 시련이 남아있어요.
기억하지 못한다 해도 지울수는 없겠죠. 사랑과 미움은 아직 남아있으
니까. 진심으로 과거를 끊어내고 싶어요. 내일을 잘 살고 싶으니까 당
신도 힘들여 내 소식을 묻지 말아요. 사랑은 어려운 문제에요. 사람들
의 눈과 마음을 흐리게 하죠 아픔을 잊는 건 쉬워도 당신을 잊는 것은
어무 어려워요 당신은 떠난게 아니에요. 내 가슴속에 언제나 있어요.
나는 언제나 당신을 사랑해요. 내 마음을 어쩔수 없어요. 나에겐 여전
히 당신을 내 마음 속에 담고싶은 꿈이 있기 때문이죠. 항상 지난 일
에 흔들리고 당신을 위해 마음을 쓰고 있지요. 아쉬워 말아요. 세월
속에 키워온 정이 너무나 깊어요. 다시 만날 수 있는지 묻지 마세요.
제가 맘에 없는 얘기를 해도 신경쓰지 말아요. 왜 이해를 못하나요.
사랑이 있으면 아픔도 있다는 것을. 언젠가 당신도 알게 될거에요. 인
생에 제가 없어도 다르게 없다는 것을. 인생은 너무 빠르게 흘러가요.
저는 언제나 눈물로 가득할까 두려워요. 저를 잊는다면 아픔은 없을거
에요. 지나간 일은 바람에 흘려버려요.

장국영의 애절한 눈빛이 두고두고 생각나는 영화, 그 영화를 더욱
애틋하고 매력적으로 채색한 노래가 바로 이 노래다.

〈因爲寂寞〉

會愛上我因爲你寂寞 雖然你從來不說 你不說我也會懂 其實會愛上你
也是因爲我寂寞 因爲受不住冷落 空虛的時候好有个寄托 雖然總是被人
們圍繞着 在曲終人散以后 會想念你的細心溫柔 原諒我不能承諾什么 我

會愛你只是因爲 因爲寂寞 抱歉我不能承諾什么 是否要一起生活 還是有
一个我們的窩 不要你爲我承諾什么 我會愛你 你會愛我 只是因爲寂寞
會愛上你因爲我寂寞 雖然我從來不說 我不說你也會懂而且 感情的是你
我都脆弱 談到未來的生活 我們對自己都沒有把握 請不要對我承諾什么
是否要一起生活 還是要一个我們的窩 你不必對我承諾什么 我會愛你 你
會愛我 只是因爲寂寞 請不要對我承諾什么 是否要一起生活 還是要一个
我們的窩 你不必對我承諾什么 我會愛你 你會愛我 只是因爲寂寞 請不
要對我承諾什么 是否要一起生活 還是要一个我們的窩 你不必對我承諾
什么 我會愛你 你會愛我 只是因爲寂寞

　　날 사랑하게 된 것은 당신이 외로워서일 거예요 비록 당신과 한번
도 이야기를 나눈 적이 없지만 나는 알수 있어요. 사실 당신을 사랑하
게 된 것도 내가 외로워서였지요. 시린듯한 쓸쓸함을 참을수 없기에
허전할 때 날 맡기기 좋았으니까요. 비록 사람들에게 둘러싸여 있지만
노래가 끝나고 사람들이 떠나간 뒤에는 당신의 섬세함과 따뜻함이 그
리워지겠죠. 어떤 것도 다짐할수 없는 나를 용서해주세요. 내가 당신
을 사랑한건 외롭기 때문입니다. 어떤 것도 승낙하지 못해 미안해요.
함께 한다거나 우리의 보금자리 같은 것은. 나를 위해 아무것도 허락
하지 말아요. 난 당신을 사랑하게 될 것이고 당신도 나를 사랑하게 도
리겁니다. 그저 단지 외롭기 때문에.

　　담백한 멜로디, 툭툭 내뱉는 듯한 가사, 가사를 음미해보면 뭐랄까
인생의 쓸쓸한 면을 잡아채낸 것 같아서 마음이 허해진다. 이종성은
자신의 이야기를 하고 있는 것일까.

08

중화권의 슈퍼 디바

장혜매(張惠妹)

한국에 엄정화, 백지영, 이효리 등의 디바가 있다면 대만 엔 단연 장혜매가 있다. 90년대 중반 이후 중화권 가요계에서 확실한 지위를 차지하며 구름 같은 팬을 몰고 다니는 여가수다. 또한 현재까 지 음반 판매 5000만장을 넘겨 중화권 여가수 중에는 최고의 기록을 가지고 있다. 동시에 그녀는 가장 많은 콘서트를 연 가수이기도 하다.

장혜매의 정식 데뷔는 1996 년이다. 그 전에 릴렉스라는 그룹의 여성 보컬로 타이베이 의 호텔과 바 등에서 노래를 했으며, 가수 장우생의 앨범에 듀엣으로 노래를 한 바 있다.

드디어 개인 앨범 〈姉妹〉를 발매, 초대박을 기록한다. 97년에 발매된 〈배드 보이〉는 무려 가요차트에서 9주간 1위를 기록하며 인기의 고공 행진을 이어간다. 연말에는 처음으로 개인 콘서트를 열게 되고 이후 콘서트에 관련한 이전의 모든 기록을 갱신해 나가게 된다. 이로서 장 혜매는 중화 가요계에서 실력 있고 영향력 있는 디바로 확실히 자리매 김하기에 이른다. 확실히 장혜매의 진가는 콘서트에서 입증되는 것 같 다. 수많은 구름 관중 앞에서 펼치는 파워풀한 노래와 퍼포먼스는 대 단하다.

그밖에도 대만가수로는 처음으로 미국 CNN과 인터뷰를 했고 타임 지의 표지모델이 되기도 했으며 국내외의 수많은 상을 수상했다. 장혜 매와 관련된 또 다른 화제라면 그녀가 대만 원주민 출신이라는 점인 데, 그녀가 자신의 출신과 문화를 중시한다는 사실이 또한 많은 화제 가 되고 관심을 받는다.

■

〈灰姑娘〉

听見別人提起你的名字 我就會臉紅 一張有你合照的照片 看來看去都 不厭倦 坐在寂寞了很久的窗前 不停地想念 從沒有對誰的支字片語 可以 讀了好几百遍 像童話中的世界 如今出現在眞實人生的眼前 再苦悶的時 刻 也有彩虹 哪怕只是輕靠你的肩 像傳說中的愛情 如今出現在眞實人生 的眼前 当你擁抱着我 輕輕地對我說 你會愛我到永遠 我就像Cinderella 等到了尋找我的他 愛情的的過程 總會有泪有掙扎 有你的溫柔 我就什么 都的不怕 我就像Cinderella 等到了尋找我的他 等待你是我付出最甛蜜的 代价 快樂的Cinderella 眞愛得到了回答 像童話中的世界 如今出現在眞 實人生的眼前 再苦悶的時刻 也有彩虹 哪怕只是輕靠你的肩 像傳說中的

愛情 如今出現在眞實人生的眼前 当你擁抱着我 輕輕地對我說 你會愛我
到永遠 我就像Cinderella 等到了尋找我的他 愛情的的過程 總會有泪有
掙扎 有你的溫柔 我就什么都的不怕 我就像Cinderella 等到了尋找我的
他 等待你是我付出最恬蜜的代价 快樂的Cinderella 眞愛得到了回答 我
就像Cinderella 等到了尋找我的他 等待你是我付出最恬蜜的代价 快樂的
Cinderella 眞愛得到了回答

　　누군가 그대의 이름을 이야기할 때면 나는 얼굴이 붉어져. 당신과
함께 찍은 한 장의 사진, 몇 번을 들여다봐도 질리지 않아. 외로운 창
가에 오래도록 앉아 당신을 그리워하네. 그 누구의 이야기라 할지라도
수백번을 읽을수 있는 것은 없었지. 마치 동화속 세계처럼 당신은 지
금 현실의 세성에 나타났네. 디 힘든 시간이 잇디해도 그 속엔 빛이
있지. 설령 그저 당신의 어깨에 기댈뿐이라고 해도. 전설속의 사랑처
럼 당신은 지금의 현실에 나타난거야. 그대는 나를 안고서 가볍게 얘
기하네. 나를 영원히 사랑할 것이라고. 나는 신데렐라처럼 나의 당신
을 찾기만 기다리네. 사랑하는 동안 눈물도 다툼도 잇겠지만 당신의
따스함만 있으면 난 아무것도 두렵지 않아. 나는 신데렐라처럼 나의
당신을 찾기만 기다리네. 내 가장 달콤한 대가를 치른 당신을 기다려.
기쁜 신데렐라 진정한 사랑은 답을 얻었네.

동화 속 신데렐라 처럼 간절한 사랑을 꿈꾸는 한 여인의 절절한 마
음이 잘 드러난 곡이다. 장혜매의 매력적인 보이스와 풍부한 감정 전
달력으로 듣는이를 동화 속으로 초대하는 것 같다.

〈听海〉

　　寫信告訴我今天 海是什么顔色 夜夜陪著你的海 心情又如何 灰色是
不想說 藍色是憂郁 而漂泊的你 狂浪的心 停在哪里 寫信告訴我今夜 你
想要夢什么 夢里外的我是否 都讓你无從選擇 我揪著一顆心 整夜都閉不
了眼睛 爲何你明明動了情 却又不靠近 听 海哭的聲音 嘆惜著誰又被傷

了心 却還不清醒 一定不是我 至少我很冷靜 可是泪水 就連泪水也都不
相信 听 海哭的聲音 這片海未免也太多情 悲泣到天明 寫封信給我 就当
最後約定 說你在离開我的時候 是怎樣的心情 寫信告訴我今夜 你想要夢
什么 夢里外的我是否 都讓你无從選擇 我揪著一顆心 整夜都閉不了眼睛
爲何你明明動了情 却又不靠近 听 海哭的聲音 嘆惜著誰又被傷了心 却
還不清醒 一定不是我 至少我很冷靜 可是泪水 就連泪水也都不相信 听
海哭的聲音 這片海未免也太多情 悲泣到天明 寫封信給我 就当最後約定
說你在离開我的時候 是怎樣的心情

편지로 제게 말해줄래요? 오늘 바다는 어떤 빛깔인지. 깊은 밤 당신
을 지키고 있는 바다의 마음은 어떠한지도. 회색은 말하기 싫다는 것,
파란색은 망설임을 뜻하죠. 하지만 정처없이 떠도는 거센 파도 같은
당신의 마음이 머무는 곳은 어디인가요. 편지로 제게 말해 줄래요? 오
늘 밤 당신은 무슨 꿈을 꾸고 싶은지. 꿈속에서나 꿈 밖에서나 제가
당신을 망설이게 하는 건 아닌지. 전 마음을 졸이며, 밤새 잠을 이루
지 못했어요. 왜 당신은 분명 사랑을 느끼면서 가까이 다가서려 하지
않나요? 바다가 우는 소리를 들어봐요~ 누군가 마음의 상처를 입고 아
직 헤어나지 못함을 슬퍼하고 있어요. 저는 분명 아니에요. 적어도 저
는 냉정하거든요. 하지만, 눈물은..눈물 조차도 믿지 않아요. 바다가
우는 소리를 들어봐요. 바다는 아무래도 정이 너무 많은가 봐요. 날이
밝을 때까지 슬피 우네요. 제게 편지 한 통 보내 주세요. 그럼 그걸 마
지막 약속으로 여길게요. 말해줘요, 당신이 저를 떠날 때 어떤 심정이
었는지.

담담한 멜로디와 부드러운 분위기가 매력적인 노래다. 귀가 간질간
질 해질 정도로 목소리가 듣기 좋다.

09

신천후의 위력

소아헌(蕭亞軒)

뛰어난 가창력과 남다른 개성으로 중화권 젊은이들의 사랑을 받고 있는 가수, 엘바(Elva)라는 영문이름으로도 자주 불리며 소위 신천후(新天后)라고 불리는 여가수가 소아헌이다. 1999년에 데뷔했고 부드럽고 투명하지만 동시에 폭발적인 가창력을 가지고 있다. 또한 뛰어난 춤 실력도 유명하다. 그리하여 발라드면 발라드, 댄스면 댄스, 장르를 넘나들며 인기를 끌고 있다. 물론 가수가 배우를 겸하는 중화권 연예계의 관례대로 소아헌도 여러 영화에 출연하고 있다. 한마디로 막강 슈퍼스타다

소아헌의 노래 중 개인적으로 좋아하는 건 역시 〈愛的主

打歌〉인데, 10여년 전 상해에서 유학하고 있을 때 한창 유행했던 노래다. 귀에 쏙쏙 들어오는 멜로디에 신나고 역동적인 안무가 인상적이었던 노래다. 중화권 여가수들의 노래는 전반적으로 너무 조용하고 심심하다고 느꼈는데, 이 노래는 확실히 달랐다. 노래 가사의 한 구절 처럼 당시 대도시 상해 전체에 이 노래가 울려 퍼졌고 곳곳에 그녀의 사진으로 도배가 되었다. 히트곡이 수없이 많은데 그밖에도 〈最熟悉的陌生人〉, 〈吻〉 등의 노래가 기억에 남는다.

〈愛的主打歌〉

我在唱什么 什么都覺得 原來原來你是我的主打歌 你在說什么 只听一次也會記得 听兩次就火熱 我在干什么 什么都覺得 整个城市播着愛的主打歌 主的可是你 打得我好神不守舍 然后 不斷想起你的 一言一語 是指定旋律 陪我到時哪條路游來游去 不用戴起耳机 也有好情緒 散不去 假如有心 句句都是單曲 假如不想 一切听不進去 愛是這樣不可理喻 百听你不厭才是好証据 我在唱什么 什么都覺得 原來原來你是我的主打歌 你在說什么 只听一次也會記得 听兩次就火熱 我在干什么 什么都覺得 整个城市播着愛的主打歌 主的可是你 打得我好神不守舍 然后 不斷想起你的 一言一語 愈來愈有趣 在我的排行榜升來升去 不管一二三四 也由你占据 退不去 假如有心 句句都是單曲 假如不想 一切听不進去 愛是這樣不可理喻 百听你不厭才是好証据 我在唱什么 什么都覺得 原來原來你是我的主打歌 你在說什么 只听一次也會記得 听兩次就火熱 我在干什么 什么都覺得 整个城市播着愛的主打歌 主的可是你 打得我好神不守舍 然后 不斷想起你的 我在唱什么 什么都覺得 原來原來你是我的主打歌 你在說什么 只听一次也會記得 听兩次就火熱 我在干什么 什么都覺得 整个城市播着愛的主打歌 主的可是你 打得我好神不守舍 然后 不斷想起你的

내가 무슨 노래를 부르던 원래부터 당신이 내 타이틀곡이라 생각해. 당신이 무슨 말을 하던지 한번만 들으면 모두 기억하지. 두 번째엔 불이 타올라.

내가 뭘 하든 도시 전체가 사랑의 타이틀곡을 틀어놓고 있는 것 같아. 주인공은 당신이고 내가 아무리 넣놓고 불러도 계속 당신이 생각나

한마디로 하자면 그것은 멜로디. 내가 어딜 가든 늘 함께하지. 이어폰을 낄 필요 없이 좋은 기분이 계속되지. 마음만 있으면 모든 것이 노래가 되고 마음이 없으면 아무것도 들리지 않아. 사랑은 이렇게 말로 설명할 수 없어. 아무리 들어도 질리지 않는 것이 좋은 증거지.

한마디로 점점 신이 나지. 내 순위가 점점 올라가는 것처럼 순위와 상관없이 당신은 떠나지 않아. 마음만 있으면 모든 것이 노래가 되고 마음이 없으면 아무것도 들리지 않아. 사랑은 이렇게 말로 설명할수 없어. 아무리 들어도 질리지 않는 것이 좋은 증거지

저절로 어깨가 들썩여질 정도로 신나고 흥겨운 노래다. 소아헌의 매력적인 음성을 확인할 수 있는 노래이기도 하다.

〈突然想起你〉

都是因爲那灯泡 突然閃了一下 于是想起你 怕你 還沒休息 都是因爲這場雨 忽然間下的那么大 怕來不及 跟你走在一起 一个人的夜 我的心 應該放在哪里 擁抱過后 我的双手應該放在哪里 我始終學不會控制 我的呼吸 在玻璃窗上 呵出你美麗的名字 寂寞來襲 旧雨衣 到底放在哪里 想念着你 我的念頭應該想到哪里 有什么方法 讓兩个人不分离 一个人的夜 我的心 應該放在哪里 擁抱過后 我的双手應該放在哪里 我始終學不會控制 我的呼吸 在玻璃窗上 呵出你美麗的名字 寂寞來襲 有眼泪 應該流到哪里 雨那么大 你的車子現在停在哪里 只怪我忍不住 對着你的手提 找到了話題 找不到活命的氧气 寂寞來襲 我的心 應該放在哪里 擁抱過后 我的双手應該放到哪里 我始終學不會控制 我的呼吸 在玻璃窗上 呵出你美麗的名字 寂寞來襲 旧雨衣 到底放在哪里 哦~~有什么方法讓兩个人

不分离

　　모두 그 전구 때문이야. 갑자기 번쩍 거렸고 그러자 당신이 생각났
어. 당신이 제대로 쉬지 못할까 걱정이야. 모두 이 비 때문이야. 갑자
기 이렇게 많이 쏟아지니 말이야. 난 당신과 함께 걷지 못할까봐 두려
워. 밤, 내 마음은 어디에 두어야 할까. 당신과 포옹한 뒤 내 두 손은
어디에 두어야 할까. 난 내 호흡을 어떻게 통제해야 할지 배우지 못했
어. 유리창에 당신의 아름다운 이름을 적어보네. 외로움이 엄습하네.
옛 우의는 어디에 놓아야 할까. 당신을 그리워하네. 내 그리움은 어디
로 가야 할까. 어떻게 해야 두 사람을 헤어지지 않게 할 수 있을까. 눈
물은 어디로 흘러가야 할까. 비가 이렇게 많이 내리는데 당신의 차는
어디에 주차해 있을까. 오직 내가 참지 못했던 것을 자책할 뿐. 그대
의 주머니를 바라보며 무슨 말을 할지 찾았지만 숨실 수 있는 산소를
찾지 못했네.

　　소아헌은 사랑스러운 가수다. 그녀의 노래를 듣고 있으면 기분이 좋
아지고 마음이 편안해진다. 그것이 그녀가 많은 이들에게 사랑받는 가
장 큰 요인일 것이다.

10

가신(歌神)의 경지에 서다

진역신(陳奕迅)

홍콩출신 진역신은 현재 가장 폭넓게 사랑받고 있는 남가가수 중 한명이다. 올해 열린 차이나 뮤직 어워드에서 3관왕을 거머쥐며 최고의 가수임을 다시 한번 입증했다. 중화권 연예계에서는 신, 황제, 황후라는 호칭을 종종 붙이는데, 진역신 또한 가신이라고 불린

다. 막대한 인기를 등에 업고 배우로도 활발히 활동하고 있다. 1974년 홍콩에서 태어났고 영국에서 학창시절을 보내며 음악을 전공했다. 1995년 홍콩의 한 오디션에 참가하면서 가수의 길을 걷기 시작했다.

진역신은 종종 장학우와 함께 거론된다. 장학우에 이어 신이란 칭호를 받았고, 홍콩출

신으로 대만에서 크게 성공을 거두고 중화권 전체에서 큰 인기를 끌고 있다는 점에서 공통점이 많다. 또한 모범적인 가정생활을 한다는 점도 비슷하다.

진역신의 성공은 풍부한 감성, 폭넓은 음역대를 소유한 빼어난 가창력, 그리고 탄탄하게 잘 다져진 음악성이 뒷받침되어진 것이다. 그것이 롱런의 비결이고 갈수록 더욱 인정받는 이유일 것이다. 히트곡이 수없이 많지만 개인적으로 〈十年〉, 〈好久不見〉 등을 특히 좋아한다.

〈好久不見〉

我來到 你的城市 走過你來時的路 想像着 沒我的日子 你是怎樣的孤獨 拿着你 給的照片 熟悉的那一條街 只是沒了你的畵面 我們回不到那天 你會不會忽然的出現 在街角的咖啡店 我會帶着笑臉 揮手寒喧 和你坐着聊聊天 我多麽想和你見一面 看看你最近改變 不再去說從前 只是寒喧 對你說一句 只是說一句 好久不見 拿着你 給的照片 熟悉的那一條街 只是沒了你的畵面 我們回不到那天 你會不會忽然的出現 在街角的咖啡店 我會帶着笑臉 揮手寒喧 和你 坐着聊聊天 我多麽想和你見一面 看看你最近改變 不再去說從前 只是寒喧 對你說一句 只是說一句 好久不見

그대의 도시에 왔네. 당신이 걷던 길을 걸어보았지. 내가 없던 날들, 당신이 어떻게 외로웠는지를 상상해 보았어. 당신이 준 사진을 들고 익숙한 그 길을 걸었어. 다만 당신이 없네. 길모퉁이 카페에서 갑자기 나타날 수는 없는지. 나는 웃음을 머금고 손을 흔들고 인사할거야. 그대와 앉아서 얘기를 나눌거야. 그대가 정말 보고 싶어. 최근에 어떻게 변했는지도 좀 보고 예전에 대해서는 더 이상 말하지 않고 그저 손을 흔들며 그대에게 한마디 하고 싶네. 단지 한마디. 오랜만이라고.

조용히 속삭이듯 부르는 노래는 뭔가 모르는 쓸쓸함을 전달한다. 진 역신의 고음도 인상적이지만 이 노래에도 그의 색깔이 묻어난다.

〈不要說話〉

深色的海面扑滿 白色的月光 我出神望着海 心不知飛哪去 听到她在 告訴你 說她眞的喜歡你 我不知該 躲哪里 愛一个人是不是應該有默契 我以爲你懂得每当我看着你 我藏起來的秘密 在每一天淸晨里 暖成咖啡 安靜的拿給你 愿意 用一支黑色的簽筆 畵一出沉默舞台劇 灯光再亮 也 抱住你 愿意 在角落唱沙啞的歌 再大聲也都是給你 請用心听 不要說話 (其實很多東西都幷不需要說那么白的) 愛一个人是不是應該要默契 我以 爲你懂得每当我看着你 我藏起來的秘密 在每一天淸晨里 暖成咖啡 安靜 的拿給你 愿意 用一支黑色的簽筆 畵一出沉默舞台劇 灯光再亮 也抱住 你 愿意 在角落唱沙啞的歌 再大聲也都是給你 請用心听 不要說話 愿意 用一支黑色的簽筆 畵一出沉默舞台劇 灯光再亮 也抱住你 愿意 在角落 唱沙啞的歌 再大聲也都是給你 請原諒我 不會說話 愿意 用一支黑色的 簽筆 畵一出沉默舞台劇 灯光再亮 也抱住你 愿意 在角落唱沙啞的歌 再 大聲也都是給你 愛是用心嗎 不要說話

짙푸른 바닷가, 하얀 달빛 나는 바다를 바라보네. 어디로 날아가야 할지 모르겠네. 그녀가 당신에게 정말 당신을 좋아한다고 말하는 것을 듣네. 나는 어디로 숨어야 할지 모르겠어. 누군가를 사랑하는 것에는 비밀약속이 있어야 하는 게 아닌지. 나는 매번 내가 당신을 바라볼 때 내가 비밀을 숨기고 있다는 것을 당신이 이해한다고 생각했지. 매일 이른 아침 커피를 덥혀 조용히 당신에게 가져다 주려하네. 검은색 볼펜으로 침묵의 무대극을 그리고 등불이 다시 밝아지면 당신과 포용하고 싶어. 모퉁이에서 쉰 목소리로 노래를 부르고 더 큰 소리로 당신에게 주고 싶네. 귀기울여 들어주오. 말은 하지 마오. 사실 많은 것들은 그렇게 낱낱이 말할 필요가 없으니.

진역신의 히트곡은 무수히 많지만 나는 개인적으로 그의 조용한 노래가 좋다. 가신까지는 모르겠지만 노래 참 잘한다.

중화권 유명 음반회사

거대한 중화권 대중음악의 판도를 읽는 또 하나의 방법이 음반사별로 가수와 그 성향을 나누어 보는 것이다. 중화권에는 수많은 음반회사들이 있다. 그중 널리 알려지고 영향력 있는 몇 개의 음반사와 소속가수들을 살펴보도록 하자.

유니버셜뮤직(Universal Music)-자타공인 최대 규모의 음반회사다. 역대로 알란탐, 장국영, 이극근, 정중기, 장백지 등등의 톱스타들을 한 자리에 모았다.

소니뮤직(Sony Music)-여명, 코코리, 장신철, 임지현 등등이 대표적이고, 대륙, 대만, 홍콩출신의 가수들이 골고루 소속되어 있다.

비지엠(BGM)-유덕화, 진소춘, 정이건, 오종헌 등 배우출신의 가수들을 대거 확보하고 있다.

워너뮤직(Warner Music)-정수문, 손연자, 고거기, 양영기, 곽부성 등 스타성이 뛰어난 가수들이 대거 포진해 있다.

록레코드(Rock Record)-대만의 대표적인 음반회사로 대만, 홍콩의 톱가수들이 즐비하다. 주화건, 임현제, 막문위, 오월천, 유약영 등등이 소속되어 있다.

이엠아이(EMI)-왕비, 나영, 장우 등이 있고 특히 여가수의 활동이 두

드러진다.

왓츠뮤직(Whats Music)-장학우, 제진, 진결이 등이 포진해 있다. 역
시 가신 장학우의 비중이 가장 크다.

포워드뮤직(Forward Music)-장혜매, 황뢰, 아매매 등이 소속되어 있
다. 중화권의 디바 장혜매의 활약이 역시 가장 크다.

11

중국을 품은 슈퍼스타

유덕화(劉德華)

얼마 전 중국에서 중화권 명인 100명을 선정해 발표했는데, 그 영광스런 1위 자리에 유덕화(劉德華)가 뽑혔다. 유덕화는 이제 그런 위치에 서 있다. 30년 가까이 정상의 자리에서 밀려나지 않으면서 범국민적인 사랑을 받고 있다. 별다른 스캔들도 없고 철저한 자기 관리와 팬들을 살뜰히 챙기면서 팬들과 함께 가고 있다.

유덕화는 중국을 넘어 우리에게도 익숙하다. 80년대 후반 고등학교 시절 우리 반에는 자신을 앤디(유덕화의 영문이름)라고 불러 달라던 유덕화의 추종자가 있었고, 대학에선 단지 유덕화가 너무 좋아서 중문과를 선택했다는 여자후배도 있었다. 유덕화는 이른바 홍콩영화가 아시아에서 커다란 인기를 끌던 시절, 주윤발, 장국영과 트로이카를 이루면서 우리 앞에 나타났다. 유덕화는 지금까지 100편이 넘는 영화에 출연했고 최근에는 배우를 넘어 제작자로 그 활동범위를 넓히고 있다. 폭발하는 뜨거운 청춘의 표상을 그만큼 멋들어지게 표현한 배우가 있을까. 또한 유덕화는 언제나 비장한 죽음을 맞이하며 강렬한 인상을 남긴 배우였다. 〈열혈남아〉, 〈천장지구〉, 〈지존무상〉 속 유덕화는 결코 잊을수 없는 이미지다. 그는 또한 홍콩의 중국반환을 앞두고 많은 스타들이 떠나가던 홍콩을 굳건히 지키며 헐리우드의 러브콜에도 응하지 않고 자존심을 굳게 지켰던 스타다.

우리나라에서는 배우로서의 유덕화는 잘 알려져 있지만, 가수로서 그가 갖는 영향력은 잘 알려져 있지 않은 것 같다. 그는 수십 장의 앨범을 냈고 천곡이 훨씬 넘는 노래를 가지고 있다. 음반을 낼 때마다 수십만장의 판매고를 올리고 있고 매년 콘서트를 열고 그때마다 큰 호응을 이끌어 내고 있다. 유덕화 자신도 배우 못지않게 가수에도 큰 애착을 가지고 있다. 90년대 초반, 유덕화가 한국에 와서 콘서트를 연 적이 있다. 그때 한창 인기를 끌던 신승훈과 조인트 형식으로 했는데, 유덕화의 아우라에 신승훈이 밀리는 느낌을 받았던 기억이 있다.

유덕화는 단순히 최고의 빅스타란 표현만으로는 대신할 수 없을 듯하다. 중국 어딜 가나 유덕화의 노래를 흥얼거리는 중국청년을 만날 수 있다. 홍콩은 물론, 북경에서도 상해에서도 그리고 중국인이 있는 어느 곳이든 그의 노래는 친숙하게 들린다. 그와 관련된 개인적인 경험을 한마디 더 하도록 하겠다. 중국 산동에서 연수를 하던 90년대 중반, 그리고 상해에서 박사과정을 밟던 2000년대 초반 나는 중국 친구들과 어울려 노래방에 가서 유덕화 노래를 많이 불렀다. 중국의 모든 대학 숙소에서는 시커먼 남학생들이 한방에서 6명씩 산다. 창문을 열어 제끼고 유덕화의 노래를 열창하는 모습을 중국 대학에서는 쉽게 볼수 있다. 그의 노래를 부르면서 제 2의 유덕화를 꿈꾸는 지도 모르겠

다. 그의 노래를 몇 곡 부를 줄 안다면 중국의 청년들과 금방 친해질 수 있다.

자, 그렇다면, 유덕화의 노래는 어떤 특징이 있는가. 유덕화는 남자의 노래를 부른다. 영화 속 이미지를 차용하여 고독하고 쓸쓸한 남자의 내면을 노래한다. 그리고 사랑하는 여인을 향한 지고지순한 사랑을 읊조린다. 배우면서 가수인 그의 가장 큰 장점이 바로 여기에 있다. 탁월한 전달력과 감정처리, 흡인력이 더해진다. 유덕화는 기본적으로 노래를 잘 부른다. 폭발하는 가창력을 소유하진 않았지만 노래를 정말 맛깔스럽게 부른다. 그리고 트레이드마크이기도 한 바이브레이션이 아주 매력적이다.

〈愛你一万年〉

地球自轉一次是一天 那是代表多想你一天 眞善美的愛戀 沒有极限 也沒有缺陷 地球公轉一次是一年 那是代表多愛你一年 恒久的地平線 和我的心 永不改變 愛你一万年 愛你經得起考驗 飛越了時間的局限 拉近地域的平面 緊緊的相連 地球公轉一次是一年 那是代表多愛你一年 恒久的地平線 和我的心 永不改變 愛你一万年 愛你經得起考驗 飛越了時間的局限 拉近地域的平面 緊緊的相連 music 有了你的出現 占据了一切我的視線 愛你一万年 愛你經得起考驗 飛越了時間的局限 拉近地域的平面 緊緊相連 愛你一万年 愛你經得起考驗 飛越了時間的局限 拉近地域的平

面 緊緊的相連

지구가 한바퀴 자전하면 하루가 되고 그것은 그대를 하루동안 생각
한다는 겁니다. 진실한 사랑은 한계가 없고 또한 결함도 없는 거지요.
지구가 한바퀴 공전하면 그것은 내 그대를 일년간 사랑한다는 겁니다.
저 변함없는 지평선과 내 마음은 영원히 변하지 않아요. 당신을 만년
동안 사랑합니다. 그대를 사랑하기에 온갖 시험을 거치고 시간의 한계
를 훌쩍 넘어 공간의 제약을 넘어 더욱 단단히 맺어질 겁니다.
당신이 나타나고 나서 내 모든 시선을 잡아버렸죠. 당신을 만년동
안 사랑합니다. 그대를 사랑하기에 온갖 시험을 거치고 시간의 한계를
훌쩍 넘어 공간의 제약을 넘어 더욱 단단히 맺어질 겁니다. 만년동안
당신을 사랑합니다.

유덕화 노래 중 좋아하는 노래가 여러 곡 있지만 최근에는 이 노래
가 특히나 가슴에 와 닿는다. 힘을 빼고 담백하게 부르는데 역으로 가
슴에 전달되는 힘은 더 큰 것 같다.

〈謝謝你的愛〉

不要問我一生曾經愛過多少人 你不懂我傷有多深 要剝開傷口總是很
殘忍 勸你別作痴心人 多情暫且保留几分 不喜歡孤獨 却又害怕兩个人相
處 這分明是一种痛苦 在人多時候最沈默 笑容也寂寞 在万丈紅塵中 啊
泪開始墜落 当我避開你的柔情后 找个人愛我 是不敢不想不應該 再謝謝
你的愛 我不得不存在 像一顆塵埃 啊 還是會帶給你傷害 是不敢不想不
應該 啊 再謝謝你的愛 我不得不存在 在你的未來 最怕這樣就是帶給你
永遠的傷害 却又害怕兩个人相處 這分明是一种痛苦 不喜歡孤獨 在人多
時候最沈默 笑容也寂寞 啊 找个人愛我 在万丈紅塵中 当我避開你的柔
情后 泪開始墜落 是不敢不想不應該 再謝謝你的愛 啊 我不得不存在 像
一顆塵埃 還是會帶給你傷害 是不敢不想不應該 再謝謝你的愛 我不得不
存在 啊 在你的未來 最怕這樣就是帶給你永遠的傷害

평생 몇 명을 사랑했는지 묻지 마세요. 당신은 내 상처가 얼마나 깊은지 알지 못해요. 상처를 벗기려 하면 그건 더욱 잔인한 거죠. 바보 같은 이가 되지 마세요. 다정한 마음은 조금만 더 미루세요. 고독이 싫지만 함께 있는 것도 두려워요. 이건 분명 고통이에요. 사람이 많을 때 가장 침묵합니다. 웃는얼굴 조차 외롭네요. 이 넓은 세상 속에서 날 사랑해줄 사람을 찾아요. 당신의 따스한 사랑을 피한 후 눈물이 떨어지기 시작해요. 어쩔 수도 없고 하고 싶지도 않고 해서도 안 되는데. 다시 한 번 당신의 사랑에 감사합니다. 난 어쩔 수 없이 존재하네요. 마치 먼지처럼 여전히 당신에게 상처를 주는데. 어쩔 수도 없고 하고 싶지도 않고 해서도 안 되는데. 당신의 앞날에 이렇게 영원한 상처를 주는 것이 가장 두렵네요.

한창 유덕화의 노래를 들을 때 특히 좋아했던 곡이라 선곡해보았다. 팬사랑이 각별난 유덕화가 자신의 팬들에게 바치는 노래 같다

12

노래의 神이라 불리는 남자

장학우(張學友)

홍콩 4대 천황 중에서도 가장 노래 잘하고 가수로서 확고한 위치를 점하는 이가 장학우다. 가신(歌神)이라는 호칭을 받을 만큼 뛰어난 노래실력을 자랑한다. 장학우의 뒤를 이어 진역신이 가신이란 호칭을 받았다. 최근 장학우는 영화에 잘 출연하지 않는 대신 자신이 만든 뮤지컬을 성공시키며 새로운 영역을 개척하고 있다. 몇 년 전 〈퍼햅스 러브〉라는 뮤지컬 영화에 출연하기도 했는데, 역시 뛰어난 가창력을 유감없이 발휘했다. 가신이란 호칭이 괜히 나온 것은 아니다.

장학우에 대한 일화 몇 토막을 소개한다. 지금으로부터 10여 년전인 상해 유학시절, 上海에서 기차로 두시간 반을 달려 항주를 찾아간 적이 있다. '하늘엔 天堂이 있고 땅에는 소주와 항주가 있다(上有天堂, 下有蘇杭)'라는 옛말을 확인하러 모처럼의 휴일을 이용해 찾아간 杭州, 송대의 대문장가 소동파와 절세미인 서희의 흔적이 남아있는 곳, 西湖가 있는 아름다운 古都 항주는 과연 아름다웠다. 그날 항주에서 만난 折江大學의 명랑한 여대생 리리는 그날 항주에서 열리는 장학우(張學友)의 演

唱會(concert)에 온통 마음이 가
있었다. 그즈음 홍콩, 대만의 톱
가수들이 경쟁적으로 대륙의 여
러 도시에서 콘서트를 열고 있
었다. 다음 해인 2002년 내가 있
던 상해에서도 콘서트를 열었는
데 머리를 노랗게 염색하고 염
소수염을 기른 외모로 등장했
다. 같이 수업 듣는 한 중국 여
학생은 거기에 갔다 와서는 며
칠 동안 흥분을 가라앉히지 못
하고 연신 그에 대한 얘기로 이야기꽃을 피웠다. 자, 시간을 더 거슬러
올라가보자. 1996년 군대를 막 제대하고 짧은 머리로 중국에 처음 왔을
때, 내가 공부했던 山東大學의 유학생 숙소, 같은 반 일본여학생의 방에
는 온통 장학우의 사진으로 도배되어 있었던 게 기억난다. 장학우는 일
본 노래를 여러 곡 번안해 불렀고 그 역시 큰 인기를 끌었다.

내가 겪은 몇몇의 예를 통해서도 알 수 있듯이 90년대와 2000년대
내내 장학우는 중화권 전역에서 큰 인기를 구가했다. 그가 부른 수많
은 히트곡 중 좋은 노래들이 정말 많다.

〈吻別〉

前塵往事成云烟消散在彼此眼前 就連說過了再見也看不見你有些哀怨

給我的一切你不過是在敷衍 你笑的越无邪我就會愛你愛得更狂野 總在利那間有一些了解 說過的話不可能會實現 就在一轉眼發現你的臉 已經陌生不會再像從前 我的世界開始下雪 冷得讓我无法多愛一天 冷得連隱藏的遺憾 都那么的明顯 我和你吻別在无人的街 讓風痴笑我不能拒絕 我和你吻別在狂亂的夜 我的心等着迎接傷悲 想要給你的思念就像風箏斷了線 飛不進你的世界也溫暖不了你的視線 我已經看見一出悲劇正上演 劇終沒有喜悅我仍然躲在你的夢里面 總在利那間有一些了解 說過的話不可能會實現 就在一轉眼發現你的臉 已經陌生不會再像從前 我的世界開始下雪 冷得讓我无法多愛一天 冷得連隱藏的遺憾 都那么的明顯 我和你吻別在无人的街 讓風痴笑我不能拒絕 我和你吻別在狂亂的夜 我的心等着迎接傷悲 我和你吻別在无人的街 讓風痴笑我不能拒絕 我和你吻別在狂亂的夜 我的心等著迎接傷悲

　지나간 일들은 연기가 되어 눈앞에서 흩어지고 잘가라고 이별의 말을 했음에도 너에겐 슬픔이 보이지 않아. 당신이 나에게 준 모든 것은 단지 마지못해 주었던 것일뿐 당신이 천진스럽게 웃을수록 나는 점점 더 사랑하게 돼. 언제나 그 순간이 되어서야 말은 이루어지지 않는다는 것을 깨닫게 되지. 눈만 돌리면 보게 되는 당신의 얼굴, 이미 낯설고 예전 같지 않네.
　나의 세계엔 눈이 내리고 하루도 더 사랑할수 없을만큼 춥구나. 깊이 감추었던 아쉬움마저도 또렷이 비춰질만큼 춥구나. 당신과 나는 아무도 없는 거리에서 이별의 키스를 나눴지. 바람이 날 비웃어도 난 방법이 없네. 나는 당신과 광란의 밤에 이별의 키스를 했지. 나의 마음은 슬픔을 기다리고 있네. 당신에 대한 그리움은 끊어진 연처럼 당신 곁으로 날아가지 못하고 당신의 눈길도 따뜻하게 하지 못하네. 난 이미 공연 중인 비극을 보았네. 어떤 기쁨도 없이 연극은 막을 내렸고 난 여전히 당신의 꿈 속안에 있네.

　장학우의 숱한 히트곡 중에서 첫손가락에 꼽을만한 곡이다. 애절하면서도 감미로운 멜로디와 절절한 가사, 그리고 장학우 특유의 감정전달력이 어우러져 깊은 맛을 전한다.

■
〈一千个傷心的理由〉

愛過的人我已不再擁有 許多故事有傷心的理由 這一次我的愛情等不
到天長地久 錯過的人是否可以回首 愛過的心沒有任何請求 許多故事有
傷心的理由 這一次我的愛情等不到天長地久 走過的路再也不能停留 一
千个傷心的理由 一千个傷心的理由 最後我的愛情在故事里慢慢陳旧 一
千个傷心的理由 一千个傷心的理由 最後在別人的故事里我被遺忘 愛過
的心沒有任何請求 許多故事有傷心的理由 這一次我的愛情等不到天長
地久 走過的路再也不能停留 一千个入傷心的理由 一千个傷心的理由
最後我的愛情在故事里慢慢陳旧 一千个傷心的理由 一千个傷心的理由
最後在別人的故事里我被遺忘 一千个傷心的理由 一千个傷心的理由 最
後我的愛情在故事里慢慢陳旧 一千个傷心的理由 一千个傷心的理由 最
後在別人的故事里我被遺忘

사랑했던 이는 더 이상 안을 수 없고 수많은 이야기엔 슬픔의 이유
가 있네. 이번 나의 사랑은 영원에 이르지 못하고 헤어진 이는 돌아올
수 없는가. 사랑했던 마음에는 어떤 바람도 없고 수많은 이야기엔 슬
픔의 이유가 있어.
이번 나의 사랑은 영원에 이르지 못하고 떠나간 길은 머무를 수가
없네. 천 가지 슬픔의 이유, 천 가지 슬픔의 이유. 결국 마지막엔 내
사랑은 이야기 속에서 천천히 낡아가네. 천 가지 상심의 이유, 천 가
지 상심의 이유. 끝내 다른 이의 이야기 속에서 나는 잊혀져 가네.

장학우의 노래를 좀 들었다는 사람이라면 이 노래 몇 번 쯤 안불러
본 이 없을 것이다. 역시 매력적인 곡이다.

■
〈我眞的受傷了〉

窓外陰天了 音樂低聲了 我的心開始想你了 燈光也暗了 音樂低聲了

口中的棉花糖也融化了 窗外陰天了 人是無聊了 我的心開始想你了 電話
響起了 你要說話了 還以爲你心里 對我又想念了 怎麼你聲音變得冷淡了
是你變了 是你變了 燈光熄滅了 音樂靜止了 滴下的眼泪已停不住了 天下
起雨了 人是不快樂 我的心眞的受傷了.

창 밖은 흐린 하늘, 낮은 음악소리, 내 마음은 당신을 그리워하기
시작했어요. 등불 또한 흐려지고, 음악은 낮아요 입안의 솜사탕도 녹
았어요.
창 밖은 흐린 하늘로 변하고, 사람들은 무료해요. 내 마음은 당신을
그리워하기 시작했어요. 전화가 울리고, 당신은 말하려 하네요. 아직
은 당신 마음속에 나를 그리워하고 있다고 여겼는데 어떻게 당신의
목소리는 그렇게 냉담 한가요. 당신은 변했군요, 당신은 변했군요. 등
불은 꺼지고, 음악은 멈추고, 떨어지는 눈물은 멈출 수가 없네요. 하늘
에서 비가 내리기 시작하고, 사람들은 기뻐하지 않고, 내 마음은 정말
로 상처받았어요.

가볍게 부르는 듯 해도 슬픈 감정이 고스란히 전달되어 온다. 울적
할 때 가끔씩 찾아드는 노래다.

중국은 발라드가 강세

중화권에서 인기 있다는 노래를 들어보면 대체로 발라드의 비중이
높다. 물론 댄스, 록, 힙합 등 다양한 장르의 노래들도 많은 인기를 끌
긴 하지만, 아마도 많은 이들이 중국의 대중가요는 발라드 성향의 노
래가 많다는 것에 공감할 것 같다. 이는 아마도 심금을 울리는 애잔한
멜로디와 잔잔하고 감동적인 가사에 보다 더 공감하는 중국인들의 보
편적 정서 때문인지도 모른다.

저 유명한 등려군의 노래부터 대륙, 홍콩, 대만 구분할 것 없이 한다 하는 톱가수들의 노래에는 애절한 발라드곡이 많고, 최근 순위에 올라 있는 최신 곡을 들어봐도 역시 그렇다. 대체적으로 조용하다. 여가수들의 노래는 특히나 더 그러하다. 우리와 중국은 같은 아시아 문화권에 속해 있으면서 정서적으로 많은 공통점을 갖고 있지만, 대중가요를 놓고 보았을 때 우리보다는 확실히 조용하고 애잔한 노래를 더 선호하는 것 같다.

15억의 노래 - 제1부 중국대중음악의 발틀

13

바람은 계속되리라

장국영(張國榮)

2013년, 장국영이 세상을 떠난 지 10년이 되었다. 세계 곳곳에서 그를 추모하는 행사가 벌어졌고, 우리 한국에서도 그의 10주기에 맞추어 여러 방송과 언론에서 장국영을 추억했다. 나도 한 방송국 프로그램에 참여해 장국영에 대해 말했다. 새삼 10년이란 시간이 참 빠르다는 생각이 들었고, 아직도 많은 사람들의 가슴 속에 장국영이 자리하고 있다는 것에 애틋한 기분이 들었다. 장국영의 기일에 맞추어 홍콩에서는 장국영 10주기 기념 콘서트가 열렸다. 수많은 팬들이 운집한 가운데, 홍콩의 톱가수들이 대거 출연하여 장국영의 히트곡을 부르며 그를 추모했다. 소영강, 고거기, 허지안, 막문위, 진혜림, 장학우 등등이 그의 노래를 불렀다.

배우 장국영은 우리나라에도 잘 알려져 있다. 〈영웅본색〉을 필두로 〈패왕별희〉, 〈아비정전〉, 〈동서서독〉, 〈해피투게더〉, 〈성월동화〉 등등 여러 영화에서 빛나는 연기를 펼쳐보였고, 대체 불가능한 매력으로 그를 아끼는 수많은 팬들을 만들어 냈다. 하지만 상대적으로 가수 장국

영에 대해서는 덜 알려진 것 같다. 중화권에서 가수 장국영의 위치는 거대하다. 어쩌면 배우보다 앞설지도 모른다.

　장국영은 홍콩의 한 가요제에서 입상하며 가수로 데뷔했다. 이후 내는 음반마다 히트를 쳤고 최고의 위치에 올라 80년대 알란탐과 홍콩가요계를 양분했다. 고별무대가 엄청난 화제를 모았던 것을 기억한다. 그 즈음 방한하여 이선희와 조인트 콘서트를 열었고, 투유 초코렛 광고를 찍으며 신드롬을 일으켰다. 물론 자신의 노래 투유를 배경으로 깔았는데, 그 노래 역시 많은 이들의 사랑을 받았다.

　장국영의 노래는 뭐랄까, 당연한 이야기겠지만 그의 인생이 겹쳐 보인다. 늘 어딘가 모르게 슬픔이 깃들어 있는 것 같고, 감미롭지만 뭔가 애달픈 정서, 그리하여 많은 이들의 감성을 자극한다. 특히나 화려하고 정열적인 무대로 정평이 높던 장국영의 콘서트는 완벽주의자 장국영의 성품을 잘 보여주는데, 그만큼 장국영은 언제나 최고, 최선을 추구했던 슈퍼스타였다.

〈我〉

I am what I am
我永遠都愛這樣的我
快樂是 快樂的方式不只一種 最榮幸是 誰都是造物者的光榮
不用閃躲 為我喜歡的生活而活 不用粉墨 就站在光明的角落
我就是我 是顏色不一樣的烟火 天空海闊 要做最堅强的泡沫
我喜歡我 讓薔薇開出一種結果 孤獨的沙漠里 一樣盛放的赤裸裸
多麼高興 在琉璃屋中快樂生活 對世界說 甚麼是光明和磊落
我就是我 是顏色不一樣的烟火 天空海闊 要做最堅强的泡沫
我喜歡我 讓薔薇開出一種結果 孤獨的沙漠里 一樣盛放的赤裸裸

나, 나는 누구인가
나는 언제나 지금의 나를 사랑해
기쁨은, 기쁨의 방식은 하나가 아니지.
가장 영광스러운 것은, 사람들 모두가 조물주의 영광이라는 것,
숨을 필요 없어, 내가 좋아하는 대로 살면 되지
번민할 필요도 없어. 그저 광명의 한쪽에 서면 되지
나는 그냥 나, 색이 다른 연기일 뿐이야
넓고 넓은 세상 속에서 가장 단단한 거품을 만들거야
나는 나를 좋아해. 장미를 꽃피우게 할 거야
고독한 사막에서도 똑같이 숨김없이 드러낼거야
얼마나 기쁜가. 유리 집에서 즐겁게 사는 것이
세상에 묻노니 무엇이 광명이고 무엇이 추락인가

　마치 담담히 장국영 자신의 이야기를 하는 듯해서 마음이 짠해진다. 스타의 자리란 또 얼마나 고독한 것인가. 무수한 소문이 만들어져 가슴에 비수를 꽂는 일들은 또 얼마나 많았을 것인가.

〈風継續吹〉

我勸你早点歸去 你說你不想歸去 只叫我抱着你 悠悠海風輕輕吹冷却了野火堆 我看見傷心的你 你說我怎舍得去 哭態也絶美 如何止哭 只得輕吻你發邊讓 風継續吹 不忍遠离 心里极渴望 希望留下伴着你 風継續吹 不忍遠离 心里极渴望 希望留下伴着你 過去多少快樂記憶 何妨与你一起去追 要將憂郁苦痛洗去 柔情蜜意我愿記取 要强忍离情泪 未許它向下垂 愁如鎖眉頭聚 別离泪始終要下垂 我已令你快樂 你也令我痴痴醉 你已在我心 不必再問記着誰 留住眼里每滴泪 爲何仍斷續流默默垂 我勸你早点歸去 你說你不想歸去 只叫我抱着你 悠悠海風輕輕吹冷却了野火堆 我看見傷心的你 你叫我怎舍得去 哭態也絶美 如何止哭 只得輕吻你發邊 讓風継續吹 不忍遠离 心里极渴望 希望留下伴着你 風継續吹 不忍遠离 心里亦有泪不愿流泪望着你 過去多少快樂記憶 何妨与你一起去追 要將憂郁苦痛洗去 柔情蜜意我愿記取 要强忍离情泪 未許它向下垂 愁如鎖眉頭聚 別离泪始終要下垂 我已令你快樂 你也令我痴痴醉 你已在我心 不必再問記着誰 留住眼里每滴泪 爲何仍斷續流默默垂 爲何仍斷續流默默垂 爲何仍斷續流默默垂

나는 그대에게 돌아가라고 했지만 당신은 돌아가고 싶지 않다고 하며 나더러 안아달라고 했지. 부드러운 해풍이 불어와 모닥불을 차갑게 식히고 있네. 나는 슬퍼하는 그대를 보았어. 당신은 나에게 어떻게 떠나느냐고 말했지. 울고 있는 그 모습조차도 너무나 아름다웠어. 어떻게 하면 그대의 눈물을 그치게 할까요. 그저 그대의 머릿결에 가볍게 입맞춤을 할 수 있을 뿐. 바람아 계속 불어다오. 차마 할 수 없는 이별. 이대로 남아 그대와 계속하고 싶은 바람뿐. 지난날 즐거웠던 추억. 어떻게 하면 그대와 다시 나눌 수 있으려나. 슬픔과 고통 모두 잊고 따스한 사랑만을 간직하고 싶어라. 이별의 눈물이 흐르는 것을 참아야만 하네. 슬픔은 마치 잠겨있는 눈가를 열어버린 듯. 눈물은 계속 흐르려 하네. 지난날 나는 그대를 기쁘게 하였고 나 역시 당신에게 깊이 빠져들었지. 그대는 이미 내 가슴속에 있으니 더 이상 내가 누구를 기억하는지 묻지 말기를. 눈가에 맺히는 눈물을 아무리 참으려 해도 왜 눈물은 말없이 흐르는 것일까.

초창기 히트곡 중 하나다. 장국영의 섬세한 음색과 풍부한 감성이
잘 살아있는 곡이라고 할까. 중국 친구들과 노래방에서 함께 부른 기
억이 난다.

〈天使之愛〉

是什麽樣的記憶纏綿 會讓我日日夜夜思念 在愛怨之間想你的容顏
告訴我是那一种情緣 能承受這樣无盡依戀 迷惑的情緒占滿每一天
喔!想愛也難 只怕你不曾有愛怜
喔!不愛也難 只爲我舍不得改變
冷冷飄忽是我的心 遙不可及是你的情 多少次夢里凝視 天使般的你
冷冷飄忽是我的心 遙不可及是你的情 也許你不會知道 我有多愛你
天使般的你

그 어떤 추억이 날 감쌌을까 매일 밤 그대를 생각하게 하네
사랑과 원망의 사이에서 그대 얼굴을 생각하게 하네
나에게 가르쳐줘 우린 어떤 인연이기에
내 마음은 왜 한없이 너에게만 기댈까
아리송한 기분 매일매일 이어지네
아! 사랑하기엔 너무 힘들어
너에겐 사랑이 아니었을까봐 두려워
아! 미워하기도 힘들어
내 마음 바꾸기엔 너무 늦은 거야
차갑게 떠도는 건 내 맘이요 바라볼 수 없는 건 그대의 사랑이요
몇 번이고 꿈에서 바라본 천사 같은 그대여
차갑게 떠도는 건 내 맘이요 바라볼 수 없는 건 그대의 사랑이요
아마 너는 모를 거야 내가 얼마나 사랑하는지
천사 같은 그대여

장국영의 여러 노래를 좋아하지만 이곡은 특히나 각별하다. 90년 장국영이 우리나라에서 초콜렛 광고를 찍었을 때 배경음악으로 쓴 노래가 바로 이 노래다. 그때는 영어 버전으로 불렀는데 중국어 버전은 〈천사의 사랑〉이란 제목이다. 아, 이 노래만 들으면 추억이 물밀듯이 다가온다.

14

戀歌의 황제

장신철(張信哲)

　　발라드의 황제, 혹은 왕자, 이런 호칭 우리 가요계에서도 종종 쓴다. 언뜻 신승훈, 이승철, 성시경 등등이 떠오른다. 그렇다면 중화권에서 그런 발라드의 황제를 꼽으라면 누가 있을까. 즉각적으로 떠오르는 가수가 있는데, 바로 장신철이다.

　　장신철, 내가 그의 노래를 처음 접한 것은 16년 전이다. 당시 나는 군대를 제대한 뒤 중국 산동대학에서 어학연수를 하고 있었다. 내가 공부한 山東大學에서는 중국어능력평가시험(HSK)를 실시하지 않아서 북경으로 가야했다. 시험을 보기 위해 기차를 타고 8시간 걸려 北京大學를 찾아갔다. 산동성 濟南에서 밤 10시 기차를 타면 그 다음날 아침 6시에 북경에 도착한다. 먼저 학교근처에 가서 방을 잡고, 점심 겸 저녁을 먹기 위해 들어간 어느 식당에서 마침 그의 노래가 흘러나왔다. 긴장을 풀어주고 기분을 전환하는 데는 노래가 적격이 아닌가. 듣기 좋았다. 종업원에게 노래제목과 가수이름을 물었다. 그가 바로 장신철이었고, 당시 인기순위 톱에 올라가 있다고 했다. 시험을 끝내고 다시

산동으로 돌아온 나는 음반점에 가서 그의 테이프를 샀고, 중국에 있는 동안 내내 잘 들었다. 그로부터 다시 5년 뒤, 중문학으로 박사학위를 받기 위해 상해로 유학을 떠났다. 다시 찾아간 중국에서 장신철은 여전히 톱가수로서 인기순위에 항상 랭크되어 있었다. 그것이 내심 참 반가웠다.

장신철은 대만 출신이다. 그의 음악은 감성을 싸하고 자극한다. 예전 우리 가수 조관우가 그러했듯이 첨 들으면 이게 여자가 부르는 건지, 남자가 부르는 건지 헷갈릴 정도로 미성이다. 그러나 너무 연약한 느낌이랄까. 애절한 사랑과 이별을 주제로 여성 팬들의 감성을 자극하는 연인, 중화권 발라드의 황제 장신철이다. 하지만 TV의 한 연예오락 프로그램에서 한 이야기는 반전이 있었다. 그 가녀린 미성으로 수도 없이 애절한 사랑노래를 부르는 그 자신은 그러나 굉장히 이성적이고 냉철한 사람이라는 얘기를 한다. 따라서 노래를 부르는 가수 장신철와 실제의 장신철과는 상당한 차이가 있으며, 항상 그로 인해 오해를 불러일으킨다는 재밌는 얘기를 들려주었다.

〈信仰〉

每當我聽見優的樂章, 回憶的傷, 每當我看見白色的月光, 想起你的臉
惘, 明知不該去想, 不能去想, 偏又想到迷缸惘, 是誰讓我心酸, 誰讓我
牽掛, 是你啊, 我知道那些不該說的話, 讓我負氣流浪, 想知道多年,
漂浮得時光, 是否你也想家, 如果當年吻你, 當時抱你, 也許結局難
講, 我那么多遺憾, 那么多期盼, 你知道嗎, 我愛你, 是多么清楚, 多
么堅固的信仰, 我愛你, 是忠于自己, 忠于愛情的信仰, 是自來靈魂,
秋自生命力量, 在搖遠的地方, 你是否要樣, 聽見我的呼喊, 愛是一種
信仰, 把你帶回我的身傍

슬픈 음악을 들을 때마다 기억되는 상처, 하얀색의 달빛을 볼 때마
다 당신의 얼굴이 생각나네. 생각하지 말아야 함을 잘 알면서, 생각할
수 없음을. 기어코 또 다시 생각에 빠져 미혹되어, 누가 날 취하게 하
는지, 누가 날 근심하게 만드는지, 바로 당신이야. 나는 그것이 하지
말아야 할 말인지 알지만, 그것이 나를 격양되게 하여 방황하게 해.
그 많은 날을 생각하니 떠내려간 시간들, 너는 이제 그만 집으로 돌아
가고 싶지 않은지. 만약 그때 내가 너에게 입맞춤을 했다면 너를 안았
다면 아마 결과는 예측하기 어려웠을 텐데, 나에겐 너무나 안타까운,
많은 기대, 당신은 아는가? 내가 당신을 사랑한다는 것이 얼마나 분명
하고, 얼마나 견고한 신앙인지를, 당신을 사랑하는 것은 내 스스로에
게 충실한 것이고 사랑이라는 신앙에 충실한 것. 그것은 영혼에서부터
온것이지. 당신은 나의 외침을 자세히 듣고 싶은 지, 사랑이란 일종의
신앙으로 당신을 내 곁으로 되돌아오게 한다는 것을.

장신철의 미성을 제대로 확인할 수 있는 노래고 듣고 나면 왜 그를
두고 발라드의 황제라고 하는지 알게 되는 곡이다.

〈愛如潮水〉

　不問你爲何流眼淚, 不在乎你心里還有誰, 且讓我給安尉, 不論結局
是喜是悲, 走過千山萬水, 在我心里你永遠是那么美, 旣然愛了就不后
悔, 再多的苦我也愿意背, 我的愛如潮水, 愛如潮水, 將我向你推, 緊
緊跟隨, 愛如潮水它將你我包圍, 我再也不愿見你在深夜里賣醉, 不愿
別的男人見識你的嫵媚, 你該知道這樣會讓我心碎, 答應我你從此不在
深夜里徘徊, 不要輕易嘗試放縱的滋味, 你可知道這樣會讓我心碎

　당신이 왜 눈물은 흘리는지 묻지 않을게, 당신마음 속에 아직 누군
가가 있더라도 상관없어, 내가 당신을 감쌀 수 있게 해주길 바래. 결
말이 좋던 나쁘던 상관없이, 수많은 시간을 넘어, 내 가슴속에서 당신
은 영원히 그렇게 아름다우니, 이미 사랑했으니 후회없고, 이미 사랑
했으니 원망없네. 또다시 많은 고난이 있더라도 나는 짊어질 것이니,
나의 사랑은 조수와 같아, 조수와 같네. 나는 당신을 향해 나아가 점
점 따라갈 것이니, 그것은 장차 당신을 감싸안을 것이네. 나는 다시는
당신이 깊은 밤에 술에 취한 모습을 보길 원하지 않고, 다른 남자가
당신의 아름다운 자태를 보는 것을 원하지 않아. 당신은 이런 것이 내
마음을 취하게 한다는 걸 알아야하네. 당신은 이런 것이 내 마음을 취
하게 한다는 걸 알 수 있을 거야.

　손꼽히는 발라드 명곡이다. 장신철의 대표곡이라고도 할 것이고 많
은 가수들이 리메이크 해서 부를 정도로 사랑받는 노래다.

음악 오디션 춘추전국시대

　우리도 최근 몇 년간 각종 음악 오디션 프로그램이 인기를 끌고 있
는데, 현재 중국도 그 열기가 뜨겁다. 〈나는 가수다〉의 포맷을 그대로
가져가 만든 〈我是歌手〉도 커다란 화제를 모으며 시청률 1위를 기록

했다. 또한 〈中國好聲音〉, 〈中國最强音〉, 〈中國夢之聲〉, 〈快樂男性〉 등 비슷비슷한 프로그램이 봇물 터지듯 쏟아져 나오고 있다. 신인 발굴은 물론, 기존의 가수들을 다시 새롭게 재조명하면서 많은 이들의 사랑과 관심을 받고 있다. 프로그램이 전국적인 인기를 끌면서 각 프로그램마다 스타급 심사위원을 두고 있는데, 나대우, 왕걸 등의 전설급 가수부터 진역신 등의 실력파 가수 및 성룡, 장쯔이 같은 세계적 스타들까지 나서고 있다.

몇몇 프로그램은 눈여겨 보았는데, 노래에 감동하고 한마음 되는 것은 우리와 똑같다는 느낌을 받았다. 특히, 〈나는 가수다〉에서 관록의 가수들이 무대에 서서 예전의 히트곡을 부르는 대목에서는 가슴이 뭉클해졌다. 30년차 가수 제진의 무대, 홍콩 록의 자존심 비욘드의 노래를 듣고 있자니 세월 참 빠르다는 생각이 들었고 한창 그들의 음악을 듣던 시절이 떠올라 애틋했다.

워낙 땅이 크고 인구가 많은 중국이다 보니 경쟁률은 그만큼 더 높다. 대신 입상을 하면 가수로 성공할 가능성도 더 커진다. 우리도 그렇지만 중국의 수많은 젊은이들도 연예인을 선망한다. 한번 터지면 가수와 배우를 자유롭게 오가며 부와 인기를 거머쥐는 것이다. 하지만 그게 또 얼마나 어려운 확률의 게임인가. 어쨌든 좋다. 가장 원초적이면서 또한 가장 직접적이고 강력한 무기, 노래를 가지고 진검승부를 펼친다. 갖가지 드라마틱한 사연들이 이어진다. 또 어떤 슈퍼스타가 탄생할지 두고 볼 일이다.

15

감미로움으로 승부한다

여명(黎明)

홍콩 4대 천황 중 한명으로 많은 사랑을 받는 또 다른 스타가 여명이다. 그도 20년째 영화와 가요계를 종횡무진하며 변함없는 인기를 구가하고 있는 슈퍼스타다. 여명하면 떠오르는 이미지는 일단 부드러움이다. 왜 그런가. 〈첨밀밀〉과 〈유리의 성〉의 여명을 떠올려보라. 감미로운 목소리와 부드러운 외모로 수많은 여자를 울리는 남자가 바로 여명이다. 그 역시 본래 가수로 먼저 데뷔했다. 홍콩의 한 가요제에서 3등으로 입상하면서 연예계에 데뷔한다.

내가 상해로 유학을 떠났던 2001년 그해 연말 시상식에서 최다 앨범 판매상을 수상했을 정도로 가수로서의 여명 역시 대단하다. 그의 인기와 스타성은 그를 중화권 톱스타로 만들었다. 그로부터 10여년, 여전히 童顏에 부드러운 이미지의 여명은 건재하다. 여명은 한국과도 특별히 친숙한 중국스타 중의 한 사람이기도 하다. 한국어로 부른 노래가 있고 한국영화에도 출현했던 것은 익히 아는 바다. 나에게도 여명은 친숙하다. 대학 1학년 시절에 여명의 노래를 접했다. 벌써 20년이 지났

84 »

15억의 노래 - 제1부 중국대중음악의 별들

지만 지금 들어도 좋은 노래가 여명의 노래들이다. 일단 감미롭다.

대학시절, 수업 시간에 중국노래를 부르는 순서가 있었는데 그때 나는 바로 여명의 노래를 불렀다. 그런 그가 아지도 인기가 있는 게 나는 좋다. 앞으로도 그의 부드럽고 감미로운 노래를 자주 듣고 싶다.

〈深秋的黎明〉

月色變得黯然 在深秋的黎明 而你双手是那麼暖 离別最好的季節 是風里透着涼意 才知道兩顆心能靠多緊 夜霧慢慢散去 在深秋的黎明 而我双眼离不開你 我愛你就象呼吸 感覺平淡无奇 用生命全心全意讓愛能継續 深秋的這樣一个黎明 无限清醒在心底 遠行的我看着天空慢慢亮起來 深秋的這樣一个黎明 你不必怕寂寞 愛的情意漫天過海會包圍你 深秋的這樣一个黎明 无限清醒在心底 遠行的我看着天空慢慢亮起來 深秋的這樣一个黎明 你不必怕寂寞 愛的情意漫天過海會包圍你 深秋的這樣一个黎明 无限清醒在心底 遠行的我看着天空慢慢亮起來 深秋的這樣一个黎明 你不必怕寂寞 愛的情意漫天過海會包圍你 冷雨靜靜飄落 在深秋的黎明 你的背影那麼孤單 紅叶象烈火燃燒 比不過我的心 我的愛永不會熄滅 燃燒不盡我的愛永不會熄滅燃燒不盡

달빛도 어두워진 깊은 가을의 여명

그대의 두 손은 얼마나 따뜻했던가.

이별하기에 가장 좋은 계절. 바람 속에 서늘함이 스며있네

이제야 비로소 두 마음이 더 가까이 의지할 수 있음을 알겠네. 밤안개 서서히 걷혀가는 깊은 가을의 새벽. 내 두 눈은 그대를 떠날 수가 없어. 숨 쉬는 것처럼 그대를 사랑하기에 너무나 자연스러워. 내 생명 모두를 사용하여 당신을 사랑하게 해주오. 깊은 가을의 이런 새벽 그대는 두려워 말아요. 사랑의 느낌은 세상 어디서라도 당신을 감싸줄 테니까. 찬비가 부슬부슬 내리는 깊은 가을의 새벽 그대의 뒷모습은 너무나 외로워 보여. 저 타오르는 불꽃처럼 붉게 물든 잎도 내 마음에 비할 수는 없네. 나의 사랑은 영원히 꺼지지 않고 타오를 테니.

가사 그대로 가을의 이른 새벽이 연상되는 노래다. 감성이 충만해지는 가을, 이 노래를 한번 들어보시라. 가슴이 찌릿찌릿해질지도 모른다.

〈今夜你會不會來〉

今夜你會不會來 或許匆匆一生中要与你相聚 相識非偶然茫茫人海里 雖知道某日你或許會弃我而別去 總想永遠地愛着你 弥補彼此心中距离 習慣了每晚要吻過你再去安睡 当天的那段誓言長留心里 此刻却吻別你 人海里悄悄然離別我 可知道我爲你難過 情不必解釋太多 与你愛過永遠 感激心里愿愛意盡記取 盼再与你抱緊每段承諾一起再追 今夜你會不會 來 你的愛還在不在 假使失去你誰要未來 誰愿芳心离開 今夜你會不會來 你的愛還在不在 只想擁有你同渡未來 陪伴着我相愛 習慣了每晚要吻過 你再去安睡 当天的那段誓言長留心里 此刻却吻別你人海里悄悄然離別 我 可知道我爲你難過 情不必解釋太多 与你愛過永遠感激心里愿愛意盡 記取 盼再与你抱緊每段承諾一起再追 今夜你會不會來 你的愛還在不在 假使失去你誰要未來 誰愿芳心离開 今夜你會不會來 你的愛還在不在 只 想擁有你同渡未來 陪伴着我相愛 今夜你會不會來 你的愛還在不在 假使 失去你誰要未來 誰愿芳心离開 今夜你會不會來 你的愛還在不在 只想擁 有你同渡未來 陪伴着我相愛

오늘밤 당신은 올까. 아마도 짧은 일생 당신과 함께 하고 싶은 건가봐. 망망한 인파속에서 운명적으로 서로를 알아 볼거야. 비록 언젠가는 서로 헤어질거란 것을 알지만 그래도 언제나 영원히 그대와 함께 하고파. 서로 마음의 거리를 좁히고 싶네. 매일 저녁 당신에게 키스를 하고 잠자리에 드는 것이 습관이 되었고 그날의 맹세는 오랫동안 마음 속에 남아있어. 지금 그대는 오히려 나에게 작별의 키스를 하고 나를 떠나 사람들 속으로 가고 있네. 내가 당신을 힘들게 한 걸 알아. 감정은 너무 많이 해명할 필요 없겠지. 그대와 사랑했던 영원한 감격은 가슴속에 간직하고 싶네. 당신을 꼭 다시 안고 허락했던 모든 것들을 다시 돌아보고 싶어라. 오늘밤 당신은 올까. 당신의 사랑은 아직 있을까. 만일 당신을 잃는다면 누가 미래가 될까. 누가 여자의 마음이 떠나가는 것을 원할까. 오직 그대와 함께 미래를 같이 보내고 싶을뿐. 같이 하면서 서로 사랑하고 싶네. 오늘밤 그대는 올까.

여명의 감미롭고 부드러운 음성이 매력적인 노래다. 새삼 그가 노래 잘하는 가수라는 생각이 들게 만든다.

16

국민가수
주화건(周華健)

지난 몇 년간 〈영화로 배우는 중국어〉라는 제목의 강의를 맡았다. 말 그대로 영화를 통해 중국어와 중국문화를 배워보는 수업이고 여러 중국영화들을 이용해 보았다. 그중에서도 주 텍스트로 삼았던 영화가 리안 감독의 〈음식남녀〉라는 영화였다. 리안 감독의 초기 작이자 수작으로 1994년 작품이다. 영화 곳곳에 노래가 실려 있는데, 영화의 삽입곡 중 하나로 주화건의 노래가 있다. 그렇다. 90년대 당시라면 주화건이 한창 인기를 끌며 승승장구하던 시절이었다. 좋은 노래 정말 많고 노래 참 멋지게 잘한다.

안재욱이 번안해 많은 인기를 얻은 노래 〈친구〉라는 곡은 주화건이 부른 노래다. 중국인이라면 누구나 좋아하는 노래, 즉 국민가요라 할 만한 노래다. 그 멜로디와 가사는 우리에게도 그대로 전달되며 공감을 이끌어냈다. 학생들에게 노래를 시켜보면, 남학생들은 꼭 주화건의 노래를 부른다. 〈朋友〉뿐 아니라 많은 노래들이 귀에 착착 감긴다. 말이 필요 없는 것이고 직접 들어보시라.

주화건은 또한 상당한 엘리트 가수다. 대만 최고의 대학인 대만대학 수학과를 나왔다. 작사 작곡을 직접 하는 싱어송라이터이기도 하다. 나대우, 이종성의 뒤를 잇는 대만의 대형가수, 국민가수라고 하겠다. 지금은 그도 중견이 되어 관록을 자랑하는 위치가 되었다. 대만 가요계를 대표하는 그 세 사람은 종종 함께 프로젝트 그룹을 만들어 노래를 부르기도 한다.

〈朋友〉

這些年 一个人 風也過 雨也走 有過泪 有過錯 還記得堅持甚麼 眞愛過 才會懂 會寂寞 會回首 終有夢 終有你 在心中 朋友 一生一起走 那些日子 不再有 一句話 一輩子 一生情 一杯酒 朋友 不曾孤單過 一聲朋友 你會懂 還有傷 還有痛 還要走 還有我這些年 一个人 風也過 雨也走 有過泪 有過錯 還記得堅持甚麼 眞愛過 才會懂 會寂寞 會回首 終有夢 終有你 在心中 朋友 一生一起走 那些日子 不再有 一句話 一輩子 一生情 一杯酒 朋友 不曾孤單過 一聲朋友 你會懂 還有傷 還有痛 還要走 還有我朋友 一生一起走 那些日子 不再有 一句話 一輩子 一生情 一杯酒 朋友 不曾孤單過 一聲朋友 你會懂 還有傷 還有痛 還要走 還有我朋友 一生一起走 那些日子 不再有 一句話 一輩子 一生情 一杯酒 朋友 不曾孤單過 一聲朋友 你會懂 還有傷 還有痛 還要走 還有我一句話 一輩子 一生情 一杯酒

이 세상 혼자 살다보면 바람도 불고 비도 만나고 눈물도 나고 잘못
도 하게 되지. 무엇을 지켜야 하는지 아직 기억하는지. 진짜 사랑을
하게 되면 비로소 알게 돼. 외롭다가 뒤를 돌아보면 결국엔 꿈이 있고
결국에 당신이 있음을. 친구여 일생을 함께 걸어가자. 그날은 다시 돌
아오지 않을거야. 한마디 말, 한 평생, 평생의 우정, 한 잔의 술, 친구
야 더 이상 외롭지 않을거야. 친구라는 한마디 말이면 모두 이해하겠
지. 살다보면 아픔도 있을 것이고 헤어짐도 있을 테지만 내가 있잖아.

중화권의 국민 가요, 친구와의 진한 우정을 이야기하는 곡, 더 이상
말이 필요 없는 곡이다. 한번쯤 가사의 의미를 깊게 음미해보면 좋을
것 같다.

〈讓我歡喜讓我憂〉

愛到盡頭 覆水難收 愛悠悠 恨悠悠 爲何要到无法挽留 才又想起你的
溫柔 給我關怀爲我解憂 爲我凭添許多愁 在深夜无盡等候 獨自泪流 獨
自忍受 多想說聲我眞的愛你 多想說聲對不起你 你哭着說情緣已盡 難再
續 難再續 就請你給我多一点点時間 再多一点点問候 不要一切都帶走
就請你給我多一点点空間 再多一点点溫柔 不要讓我如此難受 你這樣一
个女人 讓我歡喜讓我憂 讓我甘心爲了你 付出我所有 歌詞編輯: 捕風
的漢子 愛到盡頭 覆水難收 愛悠悠 恨悠悠 爲何要到无法挽留 才又想起
你的溫柔 給我關怀爲我解憂 爲我凭添許多愁 在深夜无盡等候 獨自泪流
獨自忍受 多想說聲我眞的愛你 多想說聲對不起你 你哭着說情緣已盡 難
再續 難再續 就請你給我多一点点時間 再多一点点問候 不要一切都帶
走 就請你給我多一点点空間 再多一点点溫柔 不要讓我如此難受 就請你
給我多一点点時間 再多一点点問候 不要一切都帶走 就請你給我多一点
点空間 再多一点点溫柔 不要讓我如此難受 啊 你這樣一个女人 讓我歡
喜讓我憂 讓我甘心爲了你 付出我所有

사랑의 끝은 엎질러진 물처럼 다시 담기 어렵지. 사랑이 깊은 만큼

애증도 깊은 가봐. 어째서 되돌릴 수 없게 돼서야 당신의 따뜻함이 다시 떠오르는 것일까. 나에게 관심을 주고 나의 근심을 풀어주던 당신. 어째서 지금은 이렇게 수많은 근심을 안겨주는지. 밤이 깊도록 끝없는 기다림에 홀로 눈물 흘리며 홀로 참아내네. 나 진정으로 당신을 사랑한다고 말하고 싶은데 당신에게 미안하다고 말하고 싶은데. 당신은 울면서 우리의 인연은 이미 끝이라고 계속되기 어렵다고 하네. 나에게 조금만 더 시간을 주길. 그리고 조금만 더 배려해 주길. 이 모든 것을 다 나에게서 빼앗아 가지 말기를. 나에게 조금만 더 여유를 주길. 그리고 조금만 더 따뜻함을 주길. 나를 이렇게 견디기 힘들게 하지 마오. 당신이란 여자는 나를 이렇게 기쁘게도 하고 슬프게도 하네. 당신을 위해 기꺼이 내 모든 것을 바치게 하네.

누군가를 사랑하는 것에는 기쁨과 슬픔이 공존한다. 처음 시작할 때는 언제나 기쁠 것만 같지만 어디 그게 그런가. 견딜 수 없는 슬픔과 상처로 얼룩지는 경우도 많다. 달콤 씁쓸한 사랑의 속성을 이야기해주는 노래다.

17

나만의 개성, 나만의 길

양곤(楊坤)

대륙가수 양곤의 〈无所謂〉라는 노래를 무척 좋아한다. 한마디로 독특하고 느낌 있다. 가사도 묵직하고 철학적이라 가슴에 더욱 와 닿는다. 그의 노래를 들으면 가슴 저 밑바닥에서 쓸쓸함이 올라오는 것 같다. 양곤은 특색 있는 목소리를 가지고 있어 한번 들으면 쉽게 잊혀 지지 않는다. 나도 이 노래〈무소유〉를 한번 듣고 양곤이란 이름을 기억하게 되었다. 그의 노래의 또다른 특징이라면 주로 리듬 앤 블루스 풍의 노래를 즐겨 부른다는 것이다.

얼마 전 중국의 한 오디션 프로그램에서 참가자가 이 노래를 부르는 것을 본 적이 있는데, 괜찮은 선곡이라는 생각이 들었다. 그만큼 독특

하기 때문에 주목을 받기에 유리할 텐데, 단 그 맛을 어떻게 잘 살리느냐가 승패를 좌우할 것이다. 양곤의 개성이 워낙 강하기 때문에 자칫흉내 내기에 그칠 수 있기 때문이다.

〈무소위〉와 더불어 좋아하는 또 한곡을 고르라면 등려군의 그 유명한 곡 〈月亮代表我的心〉의 제목을 살짝 비튼 〈月亮可以代表我的心〉을 들겠다. 그 역시 독특하고 느낌 있는 노래로 가슴 속으로 마구 마구 파고든다.

〈无所謂〉

无所謂 誰會愛上誰 无所謂 誰讓誰憔悴 有過的幸福 是短暫的美 幸福過后 再回來受罪 錯与對 再不說的那么絶對 是与非 再不說我不后悔 破碎就破碎 要什么完美 放過了自己 我才能高飛 无所謂 无所謂 原諒這世間所有的不對 无所謂 我无所謂 何必讓自己 痛苦的輪回 我无所謂 Music 錯与對 再不說的那么絶對 是与非 再不說我不后悔 破碎就破碎 要什么完美 放過了自己 我才能高飛 无所謂 无所謂 原諒這世間所有的不對 无所謂 我无所謂 何必讓自己 痛苦的輪回 无所謂 无所謂 原諒這世間所有的不對 无所謂 我无所謂 何必讓自己 痛苦的輪回 我无所謂 我无所謂

상관없어. 누가 누구를 사랑하던지. 누가 누구를 힘들게 하던지. 과거의 행복은 잠깐의 아름다움이었어. 행복이 다하면 다시 돌아와 벌을 받게 되지. 옳고 그름에 대해 그것이 절대적이라고 다시 말하지 않아. 세상의 시비에 대해 더 이상 말하지 않아도 난 후회하지 않아. 뭘 그렇게 오나벽하려고 하나. 자신을 놓아야만 비로소 높이 날수 있지. 상관없어. 상관없어. 이세상 모든 잘못을 용서하자. 상관없어. 난 상관없어. 자신을 고통 속에서 윤회하게 할 필요가 있을까. 난 상관없어.

마치 어느 가을날 쓸쓸히 떨어지는 낙엽을 생각나게 하는 곡이다. 또한 불교의 윤회가 떠오르기도 하다. 누군가를 좋아하고 또 이별하는 일이란 어려운 일이고 또 나 혼자서 할 수 있는 일이 아니다. 게다가 그에 관한 옳고 그름을 논하기란 더더욱 어렵다.

〈月亮可以代表我的心〉

到底多愛你 到底多想你 窗外的人行道 下過雨 粉色熱帶魚 它沒有說明 在玻璃后對我 嘆着气 心會不會痛 脚步重不重 什么是愛 我不會形容 反正想你就像 黑咖啡那么濃 沒有喝過的人不會懂 你問我愛你到底有多深 月亮可以代表我的心 沒有人能告訴你 只是他們還不够單純 你問我愛你到底有多深 月亮它可以听我的眞 継續地問或放弃 不是一个吻能够說明 心會不會痛 我的脚步重不重 什么是愛 我不會形容 反正想你就像 黑咖啡那么濃 沒有喝過的人不會懂 你問我愛你到底有多深 月亮它可以代表我的心 沒有人能告訴你 只是他們還不够單純 你問我愛你到底有多深 月亮它可以听我的眞 継續地問或放弃 不是一个吻能够說明 關于我的難過 像月亮一樣沉默 你什么都不說 總是用溫柔看我 你問我愛你到底有多深 月亮它可以代表我的心 沒有人能告訴你 只是他們還不够單純 你問我愛你到底有多深 月亮它可以听我的眞 継續地問或放弃 不是一个吻能够說明

도대체 얼마나 당신을 사랑하는지, 도대체 얼마나 당신을 그리워 하는건지 창밖의 길 위에 비가 내렸네. 분홍색 열대어는 아무런 설명이 없이 유리 뒤에서 나를 보며 탄식을 하네. 마음이 아픈지, 발걸음이 무거운지. 사랑이 무엇인지 나는 표현할 수 없어. 어쨌든 당신을 그리워하는 것이 블랙커피처럼 진할 뿐이라네. 마셔보지 않은 이는 그것을 알 수 없지. 도대체 얼마나 사랑하냐고 당신은 묻고 있는데, 저 달이 내 마음을 대변할 수 있을 뿐이야. 아무도 당신에게 설명해줄 수 없는데, 단지 우리의 마음이 덜 순수해서일거야. 당신은 얼마나 사랑하냐고 묻는데 저 달이 내 진심을 들려둘 수 있을거야. 계속해서 묻거나 혹은 포기할 테지만 한 번의 입맞춤으로 설명할 수 있는 건 아니야.

등려군의 〈月亮代表我的心〉만큼 이 노래도 좋다. 양곤의 색깔 있는 보이스가 좋고 멜로디도 맘에 든다. 〈무소유〉와 더불어 개인적으로 무척 좋아하는 곡이다.

18

대륙의 가왕

손남(孫楠)

손남 역시 중화권 가요계에서 비중 있는 위치를 차지하는데, 대륙의 국민가수 중 한명이라 할만하다. 특히 신승훈의 〈I Believe〉를 번안해 불러서 우리에게도 잘 알려진 가수다. 90년대 초부터 가수활동을 시작하였고 가창력 좋은 실력파 가수로 많은 사랑을 받고 있다.

1968년 중국 대련에서 태어났고 정규 음악교육을 받진 못했으나 성악을 했던 아버지의 재능을 물려받은 것으로 알려져 있다. 중학 졸업 후 바로 사회에 뛰어들어 온갖 직업을 전전하다가 우연히 드럼을 접하게 되고 음악적 재능을 발견, 이후 계속해서 노래를 부르게 된다. 1987년 대련에서 주최한 가요제에 입상하면서 가수 데뷔의 발판을 마련하였고, 몇 년 뒤 홍콩의 음반사와 계약하여 가수 인생을 시작한다. 홍콩, 동남아에서의 먼저 인기를 얻었고 그것을 발판으로 전 중국에서 큰 인기를 끌게 되었으며 현재에 이르고 있다. 대표곡으로는 〈不見不散〉, 〈只要有你〉, 〈你快回來〉 등이 있다.

〈只要有你〉

誰能告訴我有沒有這樣的筆　能畫出一双双不流泪的眼睛　留得住世上一縱卽逝的光陰　不讓所有美麗從此也不再凋零　如果是這樣我可以安慰自己　再沒有你的夜里能畫出一些光明　留得住快樂全部都送去給你　苦澀的味道變了甛蜜　從此也不用分開相愛的天和地　還能在同一天空月亮太陽再相遇　生命中只要有你　什么都變了可以　讓所有流星隨時都相遇　從此在人世上面沒有无奈的分离　我不用睜着眼睛看你遠走的背影　沒有變坏的青春沒有失落的愛情　所有承諾永恒的象星星　誰能告訴我有沒有這樣的筆　能畫出一双双不流泪的眼睛　留得住世上一縱卽逝的光陰　不讓所有美麗從此也不再凋零　如果是這樣我可以安慰自己　再沒有你的夜里能畫出一些光明　留得住快樂全部都送去給你　苦澀的味道變了甛蜜　從此也不用分開相愛的天和地　還能在同一天空月亮太陽再相遇　生命中只要有你什么都變了可以　讓所有流星隨時都相遇　從此在人世上面沒有无奈的分离　我不用睜着眼睛看你遠走的背影　沒有變坏的青春沒有失落的愛情　所有承諾永恒的象星星

누가 말해줄 수 있나요. 이런 붓이 있는지. 눈물이 흐르지 않는 한

쌍의 눈을 그려낼 수 있는. 세상의 모든 죽음의 시간을 잡아둘 수 있는. 모든 아름다움을 시들지 않게 해줄. 만약 그렇다면 난 내 자신을 위로할 수 있을 거에요. 당신이 없는 밤하늘에 한줄기 빛이 될 수 있어요. 즐거움을 붙잡아 모두 당신에게 보낼게요. 쓰고 떫은 맛이 달콤하게 변할 수 있도록. 이제부턴 서로 사랑하는 하늘과 땅을 갈라놓을 필요 없어요. 같은 하늘에서 해와 달이 만날 수도 있어요. 생명 중 당신만 있다면 어떤 것이든 변할 수 있죠. 모든 유성들을 만나게 할 수도 있구요. 이제 월식 앞에서 어쩔 수 없는 이별은 없어요. 나는 눈을 뜨지 않아도 떠나는 당신의 뒷모습을 볼 수 있어요. 나쁘게 변하는 청춘은 없답니다. 잃어버리는 사랑도 없을겁니다. 모든 약속이 별처럼 영원할 거에요.

드라마 〈소년 포청천〉의 삽입곡으로 손남과 나영이 함께 불렀다. 절절한 가사에 걸맞게 부드러우면서도 애절한 느낌이 인상적이다.

〈你快回來〉

没有你 世界寸步難行 我困在原地 任回憶凝集 黑夜里 祈求黎明快來臨 只有你 給我溫暖晨曦 走到思念的盡頭我終于相信 没有你的世界 愛都无法給予 憂傷反夏糾纏 我无法躲閃 心中有个聲音 總在呼喊 你快回來 我一人承受不來 你快回來 生命因你而精彩 你快回來 把我的思念帶回來 別讓我的心空如大海 没有你 世界寸步難行 我困在原地 任回憶凝集 黑夜里 祈求黎明快來臨 只有你 給我溫暖晨曦 走到思念的盡頭我終于相信 没有你的世界 愛都无法給予 憂傷反夏糾纏 我无法躲閃 心中有个聲音 總在呼喊 你快回來 我一人承受不來 你快回來 生命因你而精彩 你快回來 把我的思念帶回來 別讓我的心空如大海 你快回來 我一人承受不來 你快回來 生命因你而精彩 你快回來 把我的思念帶回來 別讓我的心空如大海 別讓我的心空如大海

당신이 없으니 반걸음도 떼기 어려워. 난 제자리에 묶여있고 모든

기억은 그대로야. 어두운 밤 여명이 빨리 오길 기도해. 당신이 있어야
만 나에게 따뜻한 햇살이 있지. 그리움의 끝에 가서야 나는 믿게 되었
네. 당신이 없는 세상에선 사랑조차 줄 방법이 없다는 것을. 슬픔이
반복 되서 뒤엉킨 다는 것을. 나는 숨을 수도 없네. 마음 속에 하고픈
말 있으니 계속 소리친다네. 빨리 돌아오기를. 당신 빨리 돌아오라고.
나는 감당할 수 없어. 빨리 돌아와 주오. 내 생명은 당신으로 인해 의
미가 있으니 빨리 돌아와 주오. 나의 그리움을 가지고 돌아오길. 내
마음이 저 바다처럼 공허하지 않게 해주오.

애틋한 가사, 감미롭고 서글픈 멜로디가 듣는 이의 가슴을 흔든다.
손남의 목소리에도 분명 그런 힘이 있는 것 같다.

19

음악성, 스타성 겸비

왕력굉(王力宏)

왕력굉은 현재 주걸륜과 함께 중화권 젊은이들의 절대적인 지지를 받는 슈퍼스타다. 뛰어난 음악성과 가창력으로 많은 히트곡을 보유하고 있다. 가수로서는 물론 배우로도 활발한 활동을 펼치고 있다.

왕력굉에 대해 처음 알게 된 것은 역시 상해 유학시절이다. 어느 날 텔레비전에서 피아노를 치며 노래를 부르는 한 젊은 가수의 모습을 보았는데 그 모습이 참으로 인상적이었다. 왕력굉이었다. 노래도 물론 좋았고, 아주 잘 불렀다. 실력 있

는 싱어송 라이터의 모습을 발견했다고 할까. 아마도 〈唯一〉이란 노래였던 것 같다. 이후 그가 이미 여러 장의 음반을 낸 가수라는 것을 알게 되었고, 많은 이들의 사랑을 받는 엄청난 스타라는 것도 알게 되었다.

몇 년 전 세계적인 화제작 〈색계〉에서 인상적인 연기를 보여주었고, 이후 주걸륜이 그런 것처럼 직접 영화를 연출했다. 영화는 그저 그런 작품이었지만, 삽입된 곡이 일품이었다. 얼마 전 수업시간에 한 학생이 노래를 소개해서 알게 되었는데, 〈你不知道的事〉이란 노래다. 개인적으로 〈유일〉과 더불어 가장 좋아하는 노래가 되었다.

〈你不知道的事〉

蝴蝶眨几次眼睛 才學會飛行 夜空洒滿了星星 但几顆會落地 我飛行 但你墜落之際 很靠近 還听見呼吸 對不起 我却沒捉緊你 你不知道我爲什么离開你 我堅持不能說放任你哭泣 你的泪滴像 傾盆大雨 碎了滿地 在心里清晰 你不知道我爲什么狠下心 盤旋在你看不見的高空里 多的是 你不知道的事 蝴蝶眨几次眼睛 才學會飛行 夜空洒滿了星星 但几顆會落地 我飛行 但你墜落之際 很靠近 還听見呼吸 對不起 我却沒捉緊你 你不知道我爲什么离開你 我堅持不能說放任你哭泣 你的泪滴像 傾盆大雨 碎了滿地 在心里清晰 你不知道我爲什么狠下心 盤旋在你看不見的高空里 多的是 你不知道的事 我飛行 但你墜落之際 你不知道我爲什么离開你 我堅持不能說放任你哭泣 你的泪滴像 傾盆大雨 碎了滿地 在心里清晰 你不知道我爲什么狠下心 盤旋在你看不見的高空里 多的是 你不知道的事

나비가 몇 번 눈을 깜빡이면 비로소 나는 법을 배울수 있죠. 밤하늘엔 별이 가득하지만 몇 개만이 땅에 떨어지죠. 나는 나는데 당신은 추락하네요. 아주 가까워 숨소리도 들을수 있지만 미안해요 나는 당신을 잡을수 없어요. 당신은 내가 왜 떠났는지 모르지요. 난 말할수 없었고 당신을 울도록 내버려두었죠. 당신의 눈물은 홍수가 되어서 온 땅을 부수었죠. 마음속이 뚜렷해졌어요. 당신은 왜 내가 모질게 마음을 먹었는지 모르죠. 당신이 볼수 없는 높은 곳에서 맴돌아요. 너무나 많죠. 당신이 모르는 일이.

왕력굉의 음악성을 새삼 다시 느끼게 해주는 곡이다. 이 곡은 또한 왕력굉이 직접 감독을 맡은 영화에 주제곡으로 사용된 노래이기도 하다. 아름다운 멜로디, 풍부한 전달력, 멋진 곡이다.

〈依然愛你〉

一閃一閃亮晶晶 留下歲月的痕迹 我的世界的重心 依然還是你 一年一年又一年 飛逝盡在一轉眼 唯一永遠不改變 是不停的改變 我不像從前的自己 你也有点不像你 但在我眼中你的笑 依然的美麗 這次只能往前走 一个方向順時鐘 不知道還要多久 所以要讓你懂 我依然愛你 就是唯一的退路 我依然珍惜 時時刻刻的幸福 你每个呼吸 每个動作 每个表情 到最后一定會依然愛你 依然愛你 依然愛你 我不像從前的自己 你也有点不像你 但在我眼中你的笑 依然的美麗 這次只能往前走 一个方向順時鐘 不知道還要多久 所以要讓你懂 我依然愛你 就是唯一的退路 我依然珍惜 時時刻刻的幸福 你每个呼吸 每个動作 每个表情 到最后一定會依然愛你 依然愛你 依然愛你 我依然愛你 或許是命中注定 多年之后 任何人都无法代替 那些時光 是我這一輩子 最美好 那些回憶 依然无法忘記 我依然愛你 就是唯一的退路 我依然珍惜 時時刻刻的幸福 你每个呼吸 每个動作 每个表情 到最后一定會依然愛你 你每个呼吸 每个動作 每个表情 到永遠一定會依然愛你

반짝반짝 세월이 남긴 흔적. 내 세계의 중심은 여전히 당신. 일년 또 일년 눈 깜빡할 사이 시간이 흘러도 유일하게 영원히 변하지 않아. 나도 당신도 예전과 달라졌지만 내 눈에 비친 그대는 여전히 아름답네. 한 방향으로 흐르는 시계처럼 앞으로 나아갈 수밖에 없지만 얼마나 더 시간이 흘러야 당신을 이해시킬 수 있을지 모르겠네. 난 여전히 당신을 사랑해. 유일한 나의 탈출구지. 여전히 당신을 아껴. 순간순간이 행복해. 당신의 모든 숨결, 행동, 표정까지도. 마지막 순간에도 여전히 당신을 사랑할거야. 여전히 당신을 사랑해. 아마도 운명 인가봐. 오랜 시간 뒤에도 당신을 대신할 이는 없어. 당신과 함께한 시간들이 내 평생 가장 아름다운 시간이었어. 그 기억은 잊을 수 없을거야. 여전히 당신을 사랑해.

헤어지고 또 많은 세월이 흘러도 잊을 수 없는 사랑, 있을 수 있을 것이다. 세월의 무정함도 덮을 수 없는 그런 절절한 사랑, 한편으로는 가슴 아프겠지만 그래도 그런 사랑이 있다면 멋지지 않은가.

20

청춘의 문화대통령

주걸륜(周杰倫)

주걸륜은 설명이 필요 없는 중화권의 톱스타다. 노래면 노래, 연기, 나아가 영화 감독과 제작을 겸하고 있다. 아마 현재 한국의 젊은이들에게도 가장 어필되는 중화권 엔터테이너일 것이다. 예전 우리의 서태지가 그랬던 것처럼 속사포 랩을 발사하고, 노래에 소위 중국풍을 끌고 들어가는 등 실험적인 도전도 많이 하는 것 같고 그때마다 많은 화제를 모았고 폭발적인 인기를 끌었다.

내가 상해에서 유학을 시작하던 2001년, 주걸륜은 이미 중화권의 톱스타였다. 20살 일본인 룸메이트가 주걸륜의 CD를 사가지고 와 매

일 듣는 통에 덩달아 나도 그의 노래를 좋아하게 되었다. 특히 알아 들을 수 없게 빠르게 쏟아내는 랩이 인상적이었다. 텔레비전 광고에도 매일 등장했는데, 아마 펩시콜라 광고였던 것 같다.

주걸륜은 확실히 천재끼가 좀 있는 것 같다. 4살 때부터 피아노를 배웠고 어린 시절부터 작곡에 재능을 보였다 하니 어린 시절부터 범상치 않았던 것은 분명해 보인다. 그가 직접 감독하고 주연을 맡은 영화 〈말할 수 없는 비밀〉의 하이라이트 피아노 배틀 장면에서 그 신기에 가까운 피아노 연주 실력을 보시라. 97년 대만이 한 방송국에서 진행한 신인 발굴 프로그램에서 준우승을 차지하면서 본격적인 활동을 시작한다. 처음에는 오종헌, 이민, 왕리홍 등에게 곡을 써주다가 2000년 드디어 자신의 데뷔앨범을 들고 나온다. 그 이후는 모두가 아는 바다. 소위 주걸륜 시대가 열리게 된다.

〈簡單愛〉

說不上爲什么說不上爲什么我變得很主動若愛上一个人 什么都會値得去做我想大聲宣布 我想大聲宣布 對你依依不舍連隔壁鄰居都猜到我現在的感受河邊的風 河邊的風 在吹着頭發飄動牽着你的手 一陣莫名感動我想帶你 我想帶你 回我的外婆家一起看着日落 一直到我們都睡着我想就這樣牽着我想就這樣牽着你的手不放開愛能不能够永遠單純沒有悲哀我 想帶你騎單車我 想帶你騎單車我 想和你看棒球想這樣沒担憂 想這樣沒担憂 唱着歌 一直走我想就這樣牽着我想就這樣牽着你的手不放開愛可不可以簡簡單單沒有傷害你 靠着我的肩膀你 在我胸口睡著像這樣的生活 我愛你 你愛我想 簡簡單單愛想 簡簡單單愛河邊的風 說不上爲什么我變得很主動若愛上一个人 什么都會値得去做我想大聲宣布 河邊的風 在吹着頭發飄動牽着你的手 一陣莫名感動我想帶你 我想帶你 回我的

105

外婆家一起看着日落 一直到我們都睡着我想就這樣牽着我想就這樣牽着
你的手不放開愛能不能够永遠單純沒有悲哀我 想帶你騎單車我 想帶你
騎單車我 想和你看棒球想這樣沒担憂 唱着歌 一直走我想就這樣牽着我
想就這樣牽着你的手不放開愛可不可以簡簡單單沒有傷害你 靠着我的肩
膀你 靠着我的肩膀你 在我胸口睡著像這樣的生活 像這樣的生活 我愛你
你愛我想 簡簡單單愛你 簡簡單單愛我就這樣牽着我想就這樣牽着你
的手不放開愛能不能够永遠單純沒有悲哀我 想帶你騎單車我 想帶你騎
單車我 想和你看棒球像這樣的生活我愛你 你愛我我想就這樣牽着你的
手不放開愛能不能够永遠單純沒有悲哀你 靠着我的肩膀你 在我胸口睡
著像這樣的生活 我愛你 你愛我

　　왜인지는 모르지만 내가 아주 적극적으로 변했어. 만약 누군가와
사랑하게 된다면 뭐든지 해볼 수 있을 것 같아. 너에게 헤어지기 싫다
고 큰소리로 말할거야. 옆집사람들도 내 감정이 어떤 건지 알 수 있도
록 말이야. 강바람이 불어와 너의 머릿결을 흩날리고 너의 손을 잡았
을 때 신기한 감정을 느꼈지. 나는 너를 외할머니 댁에 데리고 가서
우리가 잠들 때까지 해지는 노을을 바라보고 싶어. 손을 꼭 잡고 놓고
싶지 않아. 영원히 슬픔 없는 순수한 사랑이란 없을까. 나는 자전거에
너를 태우고 야구를 보러가고 싶어. 이렇게 아무 걱정없이 노래를 부
르고 계속 함께하고 싶어. 이렇게 너의 손을 꼭 잡고 놓지 않을거야.
간단하고 아픔이 없는 사랑은 없을까. 네가 나의 어깨에 기대고 가슴
에 안기어 잠들고 서로가 사랑하는 이러한 생활. 정말 간단한 사랑을
하고 싶어. 간단한 사랑을.

청춘의 우상 주걸륜이 들려주는 사랑이야기, 과연 쿨하다. 간단하고
아픔없는 그런 깔끔하고 명료한 사랑, 어디 없을까.

〈菊花臺〉

　　你的泪光 柔弱中帶傷 慘白的月彎彎 勾住過往 夜太漫長 凝結成了霜

是誰在閣樓上冰冷地絕望 雨輕輕彈 朱紅色的窗 我一生在紙上 被風吹亂 夢在遠方 化成一縷香 隨風飄散你的模樣 菊花殘 滿地殤 你的笑容已泛黃 花落人斷腸 我心事靜靜淌 北風亂 夜未央 你的影子剪不斷 徒留我孤單 在湖面 成双 花已向晚 飄落了燦爛 凋謝的世道上 命運不堪 愁莫渡江 秋心拆兩半 怕你上不了岸 一輩子搖晃 誰的江山 馬蹄聲狂亂 我一身的戎裝 呼嘯滄桑 天微微亮 你輕聲地嘆 一夜惆悵如此委婉 菊花殘 滿地殤 你的笑容已泛黃 花落人斷腸 我心事靜靜淌 北風亂 夜未央 你的影子剪不斷 徒留我孤單 在湖面 成双 菊花殘 滿地殤 你的笑容已泛黃 花落人斷腸 我心事靜靜淌 北風亂 夜未央 你的影子剪不斷 徒留我孤單 在湖面 成双

　　내 눈물의 반짝임은 지침과 상처를 가져오고 창백한 달은 과거를 상기시키네 밤은 너무 길어 서리로 변하고 옥상에서 절망에 얼어버린 자는 누구인가비는 가볍게 주홍색 창을 두드리며 내 운명은 바람에 날리는 종이 위에 쓰여있네 꿈 저 먼 곳에서는 한 줄기 향기가 차오르고 바람의 흩어짐에 따라 너의 모습도 흩어진다 국화가 지며 모든 곳이 슬픔으로 차고, 너의 웃던 흔적은 바래진다 꽃이 지고 이렇게 슬픈데, 내 생각이 편히 쉴 술 있을까? 북풍은 혼란하게 긴밤 내내 그치지 않고 네 그림자는 잊을 수 없다. 공허히 남겨진 나는, 호수면에서야 둘이 되는 구나. 꽃은 이미 가고, 찬란함은 흩어져 떨어졌으니 참을 수 없는 불행이 세상을 덮는구나 강을 넘기는 어렵고, 슬픔은 둘로 나뉘네. 표류하는 운명 속의 네 삶만이 두려울 뿐. 누군가의 세계는 말발굽 소리가 미친듯 혼란하여, 내 한몸 무장하고, 세상의 경거망동에 울부짖으니 이렇게 돌려진 우울로 가득찬 밤

　장예모 감독의 〈황후화〉의 삽입곡이다. 소위 중국풍이 물씬 배어나오는 노래이기도 하다. 비극적 운명을 맞이하는 주인공들의 심리와 잘어울리는 곡인 것 같다.

21

깜찍, 발랄

유약영(劉若英)

깜찍한 매력이 돋보이는 대만 출신의 가수 겸 배우가 유약영이다. 사실 나에게 유약영은 배우로 먼저 떠오르는데 가수로서의 지위도 만만치 않다. 연기만 잘하는 줄 알았더니, 노래도 한 노래 하는 것이다. 특히 〈後來〉라는 노래가 두고두고 잊히지 않는데, 유약영의 귀여운 이미지와도 잘 들어맞는 노래인 것 같다.

유약영은 1995년 데뷔한 이후 꾸준한 인기를 유지하고 있다. 유약영의 노래는 일단 귀엽고 상큼한 목소리가 매력적이다. 1970년 대만에서 태어나고 자란 그녀는 후에 미국으로 유학, 음악 전공으로 석사학위까지 딴 재원이다. 유약영의 노래는 전반적으로 따뜻하고 정감어린 느낌을 준다. 조용히 말을 하듯 부르는 창법을 좋아하는 이들이 많다.

유약영은 배우로도 맹활약 중이다. 두 분야 모두에서 뛰어난 성과를 거두고 있다. 최근 〈천하무적〉, 〈생일쾌락〉 등의 영화에서 유약영의 연기는 돋보였고, 나이를 무색하게 할 만큼 영화 속 이미지는 아직 여리고 젊다.

〈後來〉

后來 我總算學會了如何去愛 可惜你早已遠去 消失在人海 后來 終于在眼泪中明白 有些人一旦錯過就不在 梔子花 白花瓣 落在我藍色百褶裙上 愛你 你輕聲說 我低下頭聞見一陣芬芳 那个永恒的夜晚 十七歲仲夏 你吻我的那个夜晚 讓我往后的時光 每当有感嘆 總想起当天的星光 那時候的愛情 爲什么就能那樣簡單 而又是爲什么人年少時 一定要讓深愛的人受傷 在這相似的深夜里 你是否一樣 也在靜靜追悔感傷 如果当時我們能不那么倔强 現在也不那么遺憾 你都如何回憶我 帶著笑或是很沉默 這些年來有沒有人能讓你不寂寞 后來 我總算學會了如何去愛 可惜你早已遠去 消失在人海 后來 終于在眼泪中明白 有些人一旦錯過就不再 你都如何回憶我 帶著笑或是很沉默 這些年來有沒有人能讓你不寂寞 后來 我總算學會了如何去愛 可惜你早已遠去 消失在人海 后來 終于在眼泪中明白 有些人一旦錯過就不再 后來 我總算學會了如何去愛 可惜你早已遠去 消失在人海 后來 終于在眼泪中明白 有些人一旦錯過就不再 永遠不會再重來 有一个男孩愛著那个女孩

나중에서야 어떻게 사랑하는지 알게 되었지. 안타깝게도 당신은 이미 인파 속으로 멀리 사라져버린 후였지만. 나중에야 울면서 알게 되었지. 어떤 이는 일단 잘못이 생기면 다시는 함께 하지 못한다는 것을. 호자꽃 흰색 잎이 내 파란 주름치마 위로 떨어질 때 사랑해라고 당신은 속삭였지. 나는 고개를 숙인 채 향기를 맡았고 영원히 변하지 않을 17세 여름밤에 우리는 입을 맞추었지. 나중에 나를 매번 감탄하게 했고 항상 그 순간을 생각하게 했지. 그때의 사랑은 어떻게 그렇게 순수했는지. 또 왜 어릴 때는 사랑하는 이를 꼭 아프게만 했는지. 이 깊은밤 당신도 혼자 슬퍼하고 있는건 아닌지. 만약 그때 내가 그렇게 고집을 부리지 않았다면 지금 이렇게 후회하지는 않을텐데. 당신은 나를 미소로 기억하는지 아니면 침묵으로 기억하는지. 요즘 당신을 외롭게 하지 않는 이가 있는지. 영원히 다시 돌아올 수 없겠지. 한 남자가 한 여자를 사랑하고 있네.

유약영의 노래 중 가장 좋아하는 노래다. 부드러우면서도 감미로운 멜로디와 약간의 쓸쓸함을 수반하는 가사, 그리고 유약영의 이미지가 잘 조화를 이루는 것 같다. 일본 노래를 번안했지만 들어보면 원곡보다 유약영이 부른 게 더 좋은 것 같다.

〈爲愛痴狂〉

我從春天走來 你在秋天說要分開 說好不爲你憂傷 但心情怎會无恙 爲何總是這樣 在我心中深苦藏着你 想要問你想不想 陪我到地老天荒 如果愛情這樣憂傷 爲何不讓我分享 日夜都問你也不回答 怎么你會變這樣 想要問問你敢不敢 像你說過那樣的愛我 想要問問你敢不敢 像我這樣爲愛痴狂 想要問問你敢不敢 像你說過那樣的愛我 想要問問你敢不敢 像我這樣爲愛痴狂 到底你會怎么想爲何總是這樣 在我心中深苦藏着你 說好不爲你憂傷 但心情怎會无恙 如果愛情這樣憂傷 爲何不讓我分享 日夜都問你也不回答 怎么你會變這樣 想要問問你敢不敢 像你說過那樣的愛我 想要問問你敢不敢 像我這樣爲愛痴狂 想要問問你敢不敢 像你說過那樣的愛我 像我這樣爲愛痴狂 到底你會怎么想想要問問你敢不敢 像你說過那樣的愛我 像我這樣爲愛痴狂 到底你會怎么想

난 아직 봄날을 거닐고 있는데 당신은 가을인 듯 이별을 말하네요.

당신이 걱정하지 않도록 괜찮다고 말했지만 마음이 너무 아파요. 어째
서 항상 이렇게 마음 속 깊은 곳에 그대를 숨겨놓을까요. 당신에게 나
와 함께 하길 원하는지 묻고 싶네요. 만약 사랑이 이렇게 괴롭다면 어
째서 나와 함께 나누려 하지 않나요. 밤낮으로 물어도 당신은 답이 없
군요. 어떻게 이렇게 변할 수 있나요. 당신에게 묻고 싶네요. 예전에
말했던 것처럼 나를 사랑하나요. 나처럼 이렇게 미친 듯한 사랑에 빠
졌나요. 도대체 당신의 생각은 뭔가요.

아름다운 발라드다. 아픈 이별과 그에 따르는 슬픔과 아픔, 유악영
의 목소리로 전해지는 그 감정은 참으로 애절하다. 그 아픔을 견디고
이겨내야 또 다시 새로운 사랑으로 니이갈 수 있지 않을끼.

22

영화음악의 귀재

엽천문(葉倩文)

엽천문은 현재 거의 활동을 하지 않지만, 8, 90년대 중국 대중문화계를 좀 안다는 사람이라면 그녀를 거론하지 않을 수 없다. 내가 그녀의 노래를 좋아하게 된 계기는 순전히 영화 〈첩혈쌍웅〉 때문이었다. 〈한 세상 가볍게 취해〉라는 삽입곡이 그렇게 좋을 수 없었다. 영화 속 보호본능을 일으키는 엽천문이 그런 노래를 불렀다니, 당시로서는 놀라움이었다.

엽천문은 80년대 서극 감독의 영화에 여러 번 출연하며 배우로서의 성공가도를 달렸는데, 훗날 그녀의 남편이 된 가수 임가상을 만나면서부터 가수로도 활발히 활동하게 된

다. 가수로서의 전성기는 90년대 초반으로 볼 수 있다. 가녀린 듯 하면서도 시원시원한 음색은 개성있고 독특하다. 〈첩혈쌍웅〉 외에도 유명한 영화 주제곡이 또 하나 있는데, 바로 영화 〈천녀유혼〉의 주제곡 〈黎明不要來〉이다. 그 2곡 만으로도 나에게 엽천문은 잊을 수 없는 가수다. 그 외에도 여러 히트곡을 가지고 있다.

〈瀟洒走一回〉

天地悠悠 過客匆匆 潮起又潮落 恩恩怨怨 生死白頭 几人能看透 紅塵啊滾滾 痴痴啊情深 聚散終有時 留一半淸醒 留一半醉 至少夢里有你追隨 我拿靑春賭明天 你用眞情換此生 歲月不知人間 多少的憂傷 何不瀟洒走一回 天地悠悠 過客匆匆 潮起又潮落 恩恩怨怨 生死白頭 几人能看透 紅塵啊滾滾 痴痴啊情深 聚散終有時 留一半淸醒 留一半醉 至少夢里有你追隨 我拿靑春賭明天 你用眞情換此生 歲月不知人間 多少的憂傷 何不瀟洒走一回 紅塵啊滾滾 痴痴啊情深 聚散終有時 留一半淸醒 留一半醉 至少夢里有你追隨 我拿靑春賭明天 你用眞情換此生 歲月不知人間 多少的憂傷 何不瀟洒走一回 歲月不知人間 多少的憂傷 何不瀟洒走一回

천지는 아득하고 나그네는 분주하네 조수는 밀려왔다 다시 밀려나고 은혜와 원한 생과 사 나이듦을 모두 꿰뚫어 볼 이 몇이나 되는가. 속세가 출렁이고 깊은 정에 홀려도 만남과 이별에는 결국 때가 있는 법 반은 깨고 반은 취한 채 적어도 꿈 속에는 그대가 있으니 쫓아가려네. 난 청춘을 내일에 걸테니 그대는 진실한 사랑으로 이 세상을 바꾸게나. 세월은 인간세상에 얼마나 많은 근심과 상처가 있는지 모르니 어찌 한바탕 호탕하게 살지 않을수 있을텐가.

엽천문의 노래는 종종 현실을 훌쩍 뛰어넘는 이상향을 묘사한다. 그래서 시원한 맛이 있고 또 짭짤한 맛도 느껴진다.

〈曾經心痛〉

路上行人匆匆過 沒有人會回頭看一眼 我只是个流着泪 走在大街上的
陌生人 如今我對你來說 也只不過是个陌生人 看見我走在雨里 你也不會
再爲我心疼 曾經心疼爲何變成陌生 我只想要和你一起飛翔 管它地久天
長 只要曾經擁有 我是眞的這麼想 曾經心疼爲何變成陌生 愛情就像人
生不能重來 這些道理我懂 可是眞正面對 敎我如何放得下 如今我對你
來說 也只不過是个陌生人 看見我走在雨里 你也不會再爲我心疼 曾經
心疼爲何變成陌生 我只想要和你一起飛翔 管它地久天長 只要曾經擁有
我是眞的這麼想 曾經心疼爲何變成陌生 愛情就像人生不能重來 這些道
理我懂 可是眞正面對 敎我如何放得下

거리 위 행인들은 바쁘게 지나가고 돌아보는 이 하나 없네. 나는 그
저 눈물을 흘리며 거리위의 낯선 이들에게도 걸어가네. 지금 나는 너
에게 말을 건네지만 모두 낯선이들 뿐이네. 빗속을 걷는 나를 보더라
도 그대 나를 위해 아파하지 말길. 지독히 사랑했던 것이 어떻게 이렇
게 낯설게 바뀌는가. 나는 그저 당신과 함께 날아올라 그것이 영원하
기만을 바라네. 한번 사랑한 적이 있으니 나는 정말 그렇게 생각하네.
사랑은 인생처럼 다시는 돌아올수 없는 법 나도 이 이치를 알고 있네.
하지만 그것을 어떻게 내려놓아야 할지 나에게 가르쳐주오.

엽천문의 목소리에는 설명하기 힘든 묘한 매력이 있다. 그래서 영화
음악을 많이 했는지도 모르겠다. 다시 무대에서 엽천문을 만나보고 싶다.

23

아니타, 슈퍼스타

매염방(梅艶芳)

90년대 중반, 처음으로 중국에 갔을 때, 또래의 중국 여학생에게 가장 좋아하는 여가수가 누구냐고 물은 적이 있다. 대답은 한 치 망설임 없이 매염방이었다. 매염방? 어라, 매염방은 배우 아닌가. 그때까지만 해도 나는 매염방의 노래에 대해 잘 알지 못했다. 연기 잘하는 여배우로만 인식했던 것이었다. 그 친구는 자기가 아끼는 매염방 테이프를 빌려주었고, 나는 조금씩 그녀의 노래에 다가가기 시작했다.

우리에겐 배우 매염방이 훨씬 익숙하지만 중화권에서 가수 매염방의 위치는 상당하다. 80년대 말 90년대 초 홍콩을 주름잡던 많은 가수 중에 여자로는

단연 매염방을 꼽을 수 있겠다. 그 정도로 그녀의 위치는 독보적이었다. 80년대 홍콩에서 무적 3인방으로 불린 이들이 바로 알란탐, 장국영, 매염방이었다. 1987년도 그녀의 콘서트에는 무려 17만명이 다녀갔다. 이 시기 매염방은 아시아의 마돈나로 불렸다. 이처럼 그녀는 배우 이전에 노래로 먼저 부각되었는데, 경극 배우였던 어머니로부터 일찌감치 재능을 물려받았다고 보여진다. 1982년 홍콩의 신인가수 발굴대회에서 3000명을 제치고 1위를 차지한 걸 보면 출발부터 남달랐다 할 수 있겠다.

안타깝게도 장국영이 세상을 뜬 그해 연말 매염방도 우리 곁을 떠났다. 그녀의 나이 불과 40세였다. 수많은 동료와 팬들이 그녀가 떠나가는 것을 안타까워하고 슬퍼했다. 20년간 톱스타로 굳건히 자리를 지키던 그녀는 쉽게 다다를 수 없는 성취를 해낸 중화권의 슈퍼스타였다.

〈女人花〉

我有花一朵 种在我心中 含苞待放意幽幽 朝朝与暮暮 我切切地等候 有心的人來入夢　女人花 搖曳在紅塵中 女人花 隨風輕輕擺動 只盼望 有一双溫柔手 能撫慰 我內心的寂寞 我有花一朵 花香滿枝頭 誰來眞心 尋芳踪 花開不多時 啊堪折直須折 女人如花花似夢 我有花一朵 長在我心中 眞情眞愛无人懂 遍地的野草 已占滿了山坡 孤芳自賞最心痛　女人花 搖曳在紅塵中 女人花 隨風輕輕擺動 只盼望 有一双溫柔手 能撫慰 我內心的寂寞 女人花 搖曳在紅塵中 女人花 隨風輕輕擺動 若是你 聞過了花香濃 別問我 花儿是爲誰紅 愛過知情重 醉過知酒濃 花開花謝終是空 緣分不停留 像春風來又走 女人如花花似夢　緣分不停留 像春風來又走 女人如花花似夢 女人如花花似夢

나는 꽃 한송이를 마음 속에 심었어요. 매일매일 아름다운 꽃망울이 피어나길 간절히 원하죠. 그대가 내 꿈 속에 들어오네요. 여인화는 흙먼지 속에서 흔들리네요. 여인화는 바람에 가볍게 흔들리네요. 오직 누군가가 부드러운 두 손으로 내 마음 속의 외로움을 위로해주길 바라죠. 내 마음 속에는 꽃 한송이가 자라고 있어요. 가득한 향기로 신실한 그대가 와주길 바라고 있어요. 꽃은 오래지 않아 지는 법, 여자는 한순간의 꿈, 꽃과 같아요. 내 마음 속에는 꽃 한송기가 자라고 있어요. 하지만 이 진실한 사랑을 알아주는 이 없네요. 들에도 산에도 야생화가 만발했지만 내 마음속의 핀 꽃은 가장 아프네요. 그대가 꽃 향기를 맡았다면 그 꽃이 누구를 위해 피었는지 묻지 마세요. 사랑을 해본 후에야 그 정이 깊은 줄 알고 술에 취해봐야 그 술이 진한줄을 아는 법, 꽃은 속절없이 피고 또 져서 결국 사라지네. 인연은 머무르지 않고 봄바람처럼 왔다가 가고 여자는 꿈, 꽃과 같아요.

매염방의 노래를 듣고 있으면 8, 90년대가 떠오르고 아련한 기분이 든다. 그리고 그녀가 세상을 떠났다는 것을 생각하면 안타깝고 애틋하다. 그래도 이렇게 노래를 들으며 그녀를 추억할 수 있으니 다행이다.

〈親密愛人〉

今夜還吹着風　想起你好溫柔　有你的日子分外的輕松　也不是无影踪 只是想你太濃　怎么會无時无刻把你夢　愛的路上有你　我幷不寂寞　你對我 那么的好　這次眞的不同　也許我應該好好把你擁有　就像你一直爲我守候 親愛的人　親密的愛人　謝謝你這么長的時間陪着我　親愛的人　親密的愛人 這是我一生中最興奮的時分　今夜還吹着風　想起你好溫柔　有你的日子分 外的輕松　也不是无影踪　只是想你太濃　怎么會无時无刻把你夢　愛的路上 有你　我幷不寂寞　你對我那么的好　這次眞的不同　也許我應該好好把你擁 有　就像你一直爲我守候　親愛的人　親密的愛人　謝謝你這么長的時間陪着 我　親愛的人　親密的愛人　這是我一生中最興奮的時分　啊

오늘밤 부는 바람, 당신의 부드러움이 생각나네요. 그대와 함께한 날들은 편하고 좋았는데 어쩌면 사라질지도 모르지만 그대를 그리워하는 마음은 짙어가네요. 어째서 언제가 꿈 속엔 그대가 있는 걸까요. 사랑의 여정에 그대가 있으니 난 외롭지 않아요. 그대가 나에게 정말 잘해주었는데 이번엔 정말 특별하네요. 어쩌면 당신을 꼭 붙잡아야 하는지 몰라요. 그대가 계속 나를 지켜주었던 것처럼 말이에요. 사랑하는 이, 사랑하는 그대여. 이렇게 오래 내 곁에 있어줘서 고마워요. 사랑하는 이여, 사랑하는 그대여. 지금이 내 일생 중 가장 떨리는 순간이에요.

역시 서글픈 곡조에 빼어난 음색으로 사람의 가슴을 흔든다. 80년대를 평정했던 슈퍼스타 매염방의 노래들, 꼭 한번 제대로 감상해보시길.

삼중국의 가수들

우리는 중국을 통칭해서 말할 때 흔히 중화권이라는 말을 한다. 왜 중국이 아니고 중화권인가. 일반적으로 중국이라고 하면 중국대륙, 즉 중화인민공화국을 지칭하는 것이다. 그 외에 대만이 있고 또 홍콩이 있다. 그래서 중국이 아닌 중화권이란 용어를 사용하는 것이다. 때문에 여러 분야를 이야기 할 때 소위 삼중국으로 나누어 이야기하는 경우가 많다. 앞서 말한 대로 중국대륙과 대만, 홍콩을 말하는 것이다. 정치, 사회, 경제적으로 상이한 세 지역은 많은 부분에서 차이를 갖는다. 그리하여 영화나 드라마와 같은 대중문화를 이야기할 때도 세부분으로 나누어 하는 경우가 많다. 80년대 이후 중국대륙이 개혁, 개방정책을 펼치고 97년 홍콩이 중국으로 반환된 후 대규모의 합작, 연대가 이루어지고 있는 현재는 예전에 비해 그러한 구분이 많이 희미해지긴

했지만, 여전히 많은 부분에서 삼중국의 분류법을 사용한다.

대중음악을 이야기할 때도 삼중국으로 나누어 기술하는 것이 보편적이고 또한 편리하기도 하다. 그런데 사실 이러한 분류가 완전한 것은 아니다. 삼중국 외에도 싱가폴이나 말레시아 등 화교출신이 있고, 또한 출생은 중국이지만 미국이나 캐나다, 영국 등 기타 서구 국적을 가진 가수들도 많기 때문이다. 거기에다 다민족 국가인 중국의 소수민족까지 구분을 한다면 구도가 더욱 복잡해진다.

그런 이유로 나는 여기서 삼중국을 따로 구분하여 기술하지 않았다. 또한 대중음악이라는 큰 틀에서 보면, 그런 지역적 구분과 차이가 크게 나지 않는다. 인간의 보편적인 희노애락을 담는 대중가요는 이런저런 경계를 훌쩍 뛰어넘는 것 같다.

24

천후라 불리운다

정수문(鄭秀文)

역시 중화권의 톱스타로 홍콩 가요계에서는 왕비와 더불어 일명 양대 천후로 불린다. 마흔이 된 지금도 뛰어난 패션 감각으로 유행을 선도하는 것으로도 유명하다. 90년대 이후 현재까지 정수문은 최고의 위치에서 많은 사랑을 받고 있다. 물론 가수와 함께 배우로도 맹활약하고 있다. 편안한 듯 쉽게 쉽게 노래를 부르는 데 그녀만의 매력 포인트는 분명 있는 것 같다.

사실 개인적으로 정무문은 그리 익숙한 가수, 배우가 아니었다. 2005년 관금붕 감독의 영화 〈장한가〉를 통해 뒤늦게 정수문에 대해 관심을 가졌고, 노래도 챙겨 듣게 되었다. 처음에는 내 취향이 아니다라고 생각했는데, 들을수록 매력 있다는 느낌을 받는다.

중화권의 많은 스타가 그렇듯이 정수문의 출발은 가수였다. 홍콩의 신인가수 발굴 프로그램에서 3위로 입상하면서 연예계에 입성했다. 그때가 그녀의 나이 16살인 1988년이었다. 이후 90년대에 접어들면서 본

격적인 인기가도를 달렸고 승승장구하여 최고의 위치에 오르게 된다. 그녀의 노래에는 댄스곡과 발라드가 적당히 균형을 이루고 있다. 콘서트에 수많은 팬들이 몰리는 것으로도 유명하다.

〈值得〉

關于你好的坏的 都已經听說 愿意深陷的是我 沒有确定的以后 沒有誰祝福我 反而想要勇敢接受 愛到哪里都會有人犯錯 希望錯的不是我 其實心中沒有退路可守 跟着你錯跟着你走 我們的故事愛就愛到值得 錯也錯的值得 愛到翻天覆地也會有結果 不等你說更美的承諾 我可以對自己承諾 我們的故事愛就愛到值得 錯也錯的值得 是執着是洒脫 留給別人去說 用盡所有力气不是爲我 那是爲你才這么做 關于你好的坏的 都已經听說 愿意深陷的是我 沒有确定的以后 沒有誰祝福我 反而想要勇敢接受 愛到哪里都會有人犯錯 希望錯的不是我 其實心中沒有退路可守 跟着你錯跟着你走 我們的故事愛就愛到值得 錯也錯的值得 愛到翻天覆地也會有結果 不等你說更美的承諾 我可以對自己承諾 我們的故事愛就愛到值得 錯也錯的值得 是執着是洒脫 留給別人去說 用盡所有力气不是爲我 那是爲你才這么做 我們的故事愛就愛到值得 錯也錯的值得 愛到翻天覆地也會有結果 不等你說更美的承諾 我可以對自己承諾 我們的故事愛就愛到值得 錯也錯的值得 是執着是洒脫 留給別人去說 用盡所有力气不是爲我 那是爲你才這么做

당신의 좋은 점과 나쁜 점 모두 이미 듣고 있었네. 사랑에 빠지고 싶은 것은 나야. 확정된 것도 없고 나를 축복해주는 이는 없었지만 반대로 용감하게 그것을 받고 싶었지. 사랑을 하게 되면 잘못이 생겨나. 잘못한 이가 내가 아니길 바래. 사실 마음 속 퇴로가 없지만 지킬 수 있지. 그대의 잘못을 따라 그대를 따라 가네. 우리들의 이야기, 사랑은 사랑할만한 가치가 있고 잘못에는 잘못의 가치가 있네. 세상이 끝날만큼 사랑하면 그에는 또한 결과가 있어. 당신의 말을 기다릴 필요없는 아름다운 승낙, 내 자신에 대해서도 승낙할 수 있어. 집착이고 또한 소탈함이지. 다른 사람에게 말하겠어. 모든 최선을 다하는 것은 나를 위해서가 아니라 당신을 위해서 이렇게 하는 것이라고. 당신의 좋은 점과 나쁜 점은 모두 이미 듣고 있었지. 사랑에 빠지고 싶은 것은 바로 나이지.

정수문의 매력적인 중저음, 약간의 쓸쓸한 분위기, 중간의 전통악기 소리가 잘 조합되면서 멋진 곡으로 탄생한 것 같다. 풍부한 감정 전달력은 물론 그녀의 장기이다.

〈談情說愛〉

但願從沒有文字 便未用道出愛眞意 但願從沒有情 就讓你我做平淡女子 若是從沒有男士 自問仍沒法獨處 相戀是及容易 相處是及難事 但女人心軟便會輸 到底眞心相戀 仍愿意仍愿試 不理會這个世界 話你瘋 話我痴 不要去問 愛會是怎樣開始 也許該這么想 男共女 同下注賭 到最后兩个世界或隔開或靠依 戀愛故事 到最后怎樣終止 現在也許他在意 若熱情沒法留住 亦但愿盡心愛一次 在像无但有時 夢別造次 然而別制止 遇着緣分不容易 但愿能和諧共處 一起若爲名義 不應极力纏住 做女人總要學做主 到底眞心相戀 仍愿意仍愿試 不理會這个世界 話你瘋 話我痴 不要去問 愛會是怎樣開始 也許該這么想 男共女 同下注賭 到最后兩个世界或隔開或靠依 戀愛故事 到最后怎樣終止 現在也許他在意 到底眞心相戀 仍愿意仍愿試 不理會這个世界 話你瘋 話我痴 不要去問 愛會是怎樣

開始 也許該這么想 男共女 同下注賭 到最后兩个世界或隔開或靠依 戀
愛故事 到最后怎樣終止 現在也許他在意

　애초부터 문자가 없길 바랬어 사랑의 의미에 대해 말할 필요 없잖
아. 정이란게 없길 바랬어. 그럼 나는 평범한 여자가 될 수 있으니. 만
약 애초부터 남자가 없었다면 홀로지낼 이유가 없잖아. 사랑하는 건
쉽고 헤어지는 건 어려워라. 하지만 여자의 마음이 연약하여 더욱 망
가지네. 진심으로 사랑하는 건 여전히 원하고 여전히 하고 싶어라. 이
세상에 신경 쓰지 않아. 당신은 미피고 나는 바보가 되지. 사랑이 어
떻게 시작되는지 물어보지 마. 아마도 그렇게 해야겠지. 사랑이란 건
남자와 여자가 함께 도박을 하여 최후에 가서는 두 사람은 헤어지던
가 혹은 의지하게 되는 거지. 리브스토리는 최후에 기서 어떻게 끝이
날까. 현재 그는 아마 마음에 두고 있을 거야. 만약 열정을 누를 수 없
어 마음을 다해 사랑을 하고 싶다면 꿈속에서처럼 경솔하지 말되 그
러나 멈추지 말아야 해. 인연을 만나기란 쉬운 일이 아니니까. 하지만
조화롭게 공존하길 바라고 명분을 위한다면 애써서 정에 얽히면 안되
지. 여자로서 자신이 주체가 되는 것을 배워야 하리.

　정수문의 노래를 들으면 한창 중국 대중문화에 심취해있던 8, 90년
대가 떠오른다. 좋아했던 영화들, 배우들, 그리고 그때의 분위기, 사람
들 등등이. 아, 세월은 참 빨리 지나가는 것 같다.

25

감미로운 멜로디

진혜림(陳慧琳)

영화 〈친니친니〉에 삽입되었던 노래 〈러버스 콘체르토〉
는 주인공 중 한명인 진혜림이 불렀다. 부드럽고 감미로운 그녀의 목소
리를 많은 이들이 기억하고 있을 것이다. 진혜림은 배우와 가수 두 분
야 모두에서 성공한 중화권의 톱스타다. 중화권에서 큰 인기를 끌었던
우리 드라마 〈대장금〉의 주제
가를 번안해 불러서 화제가 되
기도 했다.

가수로서의 진혜림은 1995년
그녀의 영화 데뷔작인 〈선락표
표〉라는 영화에서 주제가를 부
르면서 주목받기 시작했다. 이
후 정식 음반을 내고 첫 번째
음반으로 신인가수상을 수상한
다. 이후 계속 음반을 발매하

고 콘서트를 여는 등 인기를 구가했고, 97년도에는 일본에서도 음반을 내어 좋은 반응을 얻었다. 99년 곽부성, 금성무와 함께한 청춘영화 〈친니친니〉의 주제곡을 불러 한국에서도 많은 사랑을 받았다. 당시 그 노래를 듣고 목소리 참 감미롭고 매력 있다고 느꼈다. 정리하자면 진혜림은 또래의 정수문과 함께 90년대 중반 이후 중화권 전체에서 많은 사랑을 받고 있는 톱스타라고 할 수 있다.

〈都是你的錯〉

都是你的錯 關心也是錯 你還要知孤孤單單的我可快樂 都是你的錯 瀟洒也是錯 你還愚解我 都是你的錯 犧牲也是錯 你還要把風衣輕輕披我肩膊上 都是你的錯 知心也是錯 你還看穿我 你叫我怎會可以放手 若你沒斯守一生的決心 請不要愛上我這么一个人 在你字典中一句 揮之則去 對我仍過份 若你曾講的都不可算眞 請不要愛上我這么一个人 而其實我太認眞 心中很記恨 都是你的錯 祝福也是錯 你還說請開開心心找我的對象 都是你的錯 緊張也是錯 你還着緊我 都是你的錯 眞心也是錯 你還記得怎么編織出我的美夢 都是你的錯 深刻也是錯 你還困扰我 你叫我怎會可以放手 若你沒斯守一生的決心 請不要愛上我這么一个人 在你字典中一句 揮之則去 對我仍過份 若你曾講的都不可算眞 請不要愛上我這么一个人 而其實我太認眞 心中很記恨 毋須 關心我感受 毋須 傷透后 你方可以放手 若你曾講的都不可算眞 請不要愛上我這么一个人 而其實我太認眞 心中很記恨 若你沒斯守一生的決心 請不要愛上我這么一个人 在你字典中一句 揮之則去 對我仍過份 若你曾講的都不可算眞 請不要愛上我這么一个人 而其實我太認眞 心中很記恨

모두 당신 잘못이야. 관심도 잘못이고 외로운 나를 즐겁게 하려한 것도 모두 잘못이지. 멋있는 것도 잘못이야. 나를 위로해준 것도 당신의 잘못이고 희생도 잘못이지. 당신은 또 트렌치 코트를 내 어깨위에 씌워주었는데 모두 당신 잘못이야. 마음을 이해한 것도 나를 꿰뚫어 본

것도 잘못이야. 당신은 내가 어떻게 하면 손을 놓는지도 알게 했지. 만약 당신이 평생을 함께 할 결심을 하지 않았다면 나를 사랑하지 말아주길. 당신 사전 속에 한 구절을 쓰고 떠나가길. 나에겐 너무나 과분해. 만약 당신이 말했던 것이 모두 진짜가 아니라면 나 같은 이를 사랑하지 말아주길. 사실 나는 너무 진지해서 마음 속에서 미움을 품지. 모두 당신의 잘못이야. 축복도 잘못이고 진심도 잘못이야. 당신이 내 꿈을 어떻게 편집했는지 아직 기억할까. 모두 당신 잘못이야. 심각함도 잘못이야 당신은 나를 묶어놓고 어떻게 하면 푸는지도 알게 했지.

강한 비트와 힘 있는 목소리가 인상적인 노래다. 뜻밖에 시원시원한 곡이다. 화음을 맞춘 정중기의 매력적인 보이스도 좋다.

〈北极雪〉

北极雪下在那頭 寂寞不寂寞 誰的想念是他的等候 你若問我快不快樂 寂寞不寂寞 牽你手 貼我手 感覺我的脉搏 你要試着了解 試着体會用心 好好感覺 然後你才能够看得見 快樂悲傷 也許我的眼泪 我的笑靨只是完美的表演 听說北極下了雪 你可會 也覺得它很美北极雪下在那頭 寂寞不寂寞 誰的想念是他的等候 你若問我快不快樂 寂寞不寂寞 牽你手 貼我手 感覺我的脉搏 你要試着了解 試着体會用心好好感覺 然後你才能够看得見 快樂悲傷 也許我的眼泪 我的笑靨只是完美的表演 听說北极下了雪 你可會 也覺得它很美你要試着了解 試着体會用心好好感覺 然後你才能够看得見 快樂悲傷 也許我的眼泪 我的笑靨只是完美的表演 听說北极下了雪 你可會 也覺得它很美你要試着了解 試着体會用心好好感覺 然後你才能够看得見 快樂悲傷 也許我的眼泪 我的笑靨只是完美的表演 听說北极下了雪 你可會 也覺得它很美

북극의 눈이 그곳에 내리고 있군요. 외로운가요. 누군가 그리움으로 이 눈을 기다렸겠죠. 만약 그대가 내가 즐거운지 외로운지 묻는다면 손을 뻗어 내 손을 잡고 맥박을 느껴보세요. 이해해 보세요. 체험해 보세요. 온 맘을 다해 잘 느껴보세요. 그런 후에야 그대는 즐거움과 슬픔을 볼 수 있을 거에요. 듣자니 북극에서 눈이 내렸다네요. 당신도 그것이 아주 아름답다는 것을 보게 될 거에요.

제목처럼 눈이 연상되는 노래다. 알싸한 분위기와 독특한 멜로디, 중간 중간의 가성이 어우러지며 눈 내리는 겨울 느낌을 선사하는 곡이다.

26

청춘의 우상

이우춘(李宇春)

이우춘은 현재 중화권에서 가장 핫한 젊은 스타 중 한 명이다. 보이쉬한 매력으로 많은 인기를 끄는 여가수고, 많은 젊은이들이 닮고 싶어 하는 영향력 있는 스타다. 대륙 출신으로 2005년 오디션 〈超級女性〉이라는 오디션 프로그램에서 우승하며 혜성과 같이 등장하였고 이후 많은 노래들을 히트시키며 톱스타의 위치에 올랐다. 170이 넘는 큰 키에 짧은 헤어, 시크한 표정, 모델을 해도 손색이 없을 만한 외모와 패션감각으로 유행을 선도한다.

이우춘은 사천 성도 출신으로 대학에서 음악을 전공했다. 학창시절부터 노래 잘하기로 유명했다고 하는데, 2005년 마침내 오디션 우승을 거머쥐며 신데렐라로 떠오르게 된다. 이후 끝간 데 없는 인기를 구가하고 있다. 올해 차이나 뮤직 어워드에서 홍콩의 진역신과 함께 최고 가수상을 수상했고, 깐느 영화제에 초청되는 등 배우로도 잘 나가고 있다. 또한 그녀가 광고모델을 한 화장품은 매출이 두 배로 오르는 대박을 기록했다고 한다.

막 서른에 접어든 이 젊은 스타의 인기는 앞으로 더 지속될 것으로 보인다. 탄탄한 실력의 가수, 젊은이들의 우상, 이우춘의 미래는 밝다.

〈珍惜〉

謝謝天謝謝地 遇見了你 這一生的美好 唯你而已 風里來雨里去 多么感激 手相握眼相看 溫暖栖息　多么想窺探你 心底的謎 多么想捕捉你 溫柔气息 一千次輪回里 要找到你 手相握眼相看 潮來潮去　多少的結局 都隨風散去 我和你 天和地 生死在一起 哪怕會分离 也要努力　多少的期許 刻在石碑里 我和你 天和地 注定的相遇 哪怕要放弃 也要珍惜　多么想窺探你 心底的謎 多么想捕捉你 溫柔气息 一千次輪回里 要找到你 手相握眼相看 潮來潮去　多少的結局 都隨風散去 我和你 天和地 生死在一起 哪怕會分离 也要努力　多少的期許 刻在石碑里 我和你 天和地 注定的相遇 哪怕要放弃 也要珍惜　多少的結局 都隨風散去 我和你 天和地 生死在一起 哪怕會分离 也要努力　多少的期許 刻在石碑里 我和你 天和地 注定的相遇 哪怕要放弃 也要珍惜

하늘에 고맙고 땅에 고마워라. 당신을 만난 건 평생의 아름다움, 오직 그대만 있다면 모진 시련이 있어도 얼마나 감격스러운가. 손을 꼭 쥐고 눈을 바라보면 따스함이 깃들어. 얼마나 그대를 그리워했던가. 마음속 깊이 미혹되었지. 얼마나 그대를 붙잡고 싶었던가. 온유한 숨결이여. 천 번을 윤회한다해도 당신을 찾겠어. 손을 꼭 잡고 서로를 바라보며. 조수가 밀려왔다 가고 그만큼의 결말도 모두 바람을 따라 흩어져 가리. 그대와 나, 하늘과 땅, 생사는 함께 하리. 오직 헤어질까 두려워. 그 역시도 노력해야지. 그만큼의 기대를 비석에 새겼네. 그대와 나, 하늘과 땅, 운명적으로 짝지워져 있어. 오직 포기할까봐 두려워. 그것을 소중히 아끼려 하네.

이선희의 〈인연〉 느낌도 나고 이수영의 발라드 같은 느낌도 받는다. 사극에 어울릴 법한 분위기의 노래다.

■

〈再不瘋狂我們就老了〉

　咖啡還續 書簽還新 夏天已經 擦身而去 樹叶還綠 發絲還青 時光却從
不曾逆行 這鮮活的你 好讓我傷心 怕措手不及 風華淒淒 這安靜的你 更
讓我确定 什么叫 愛情 再不瘋狂我們就老了 沒有回憶怎么祭奠呢 還有
什么永垂不朽呢 錯過的你都不會再有　還沒和你 數清星星 天空已經 不
再透明 還沒和你 牽手旅行 風景已經 淹沒无影 這鮮活的你 好讓我傷心
怕措手不及 風華淒淒 這安靜的你 更讓我确定 什么叫 愛情 再不瘋狂我
們就老了 沒有回憶怎么祭奠呢 還有什么永垂不朽呢 錯過的你都不會再
有　再不瘋狂我們就老了 沒有回憶怎么祭奠呢 還有什么永垂不朽呢 錯
過的你都不會再有 再不瘋狂我們就老了 沒有回憶怎么祭奠呢 還有什么
永垂不朽呢 錯過的你都不會再有

　커피는 아직 계속되고 책속의 사인도 아직 새것인데 여름은 이미
가버렸네.나뭇잎은 아직 푸르고 머리카락은 아직 까맣지. 시간은 앞으

로 흐르고 한 번도 역행한 적 없지. 쾌활한 당신은 나를 아프게 하네. 손쓸 새가 없어 무서웠고 내 모습은 처량하네. 이 조용한 당신은 나에게 무엇을 사랑이라 부르는지 더욱 확실히 알게 하네. 다시 미치지 않으면 우리는 곧 늙을거야. 기억이 없다면 어떻게 추모를 하지. 영원한 것이 있을까. 한번 틀어진 당신과 두 번다시 함께 할 수 없네. 당신과 나는 아직 별도 세지 않았는데 하늘은 이미 더 이상 밝지 않고 아직 그대와 손잡고 여행을 가지 못했는데 풍경은 이미 침몰하여 흔적도 없네. 이 신선한 꽃은 나의 가슴을 아프게 해.

조용히 읊조리듯 부르는데 뭔가 쓸쓸함이 뚝뚝 묻어난다. 굳이 힘을 주어 부르지 않음에도 가슴을 건드리는 묘한 매력이 있는 것 같다.

27

화려함, 그리고 강렬함

왕비(王菲)

왕비, 그녀는 파격적인 의상과 그에 어울리는 강렬함으로 오랫동안 중국의 젊은 친구들을 사로잡고 있는 여전사다. 수많은 수식어가 붙는 톱스타고, 뭐라 규정하기 어려운 독특한 분위기를 가진 강력한 개성파 가수겸 배우다.

10여년 전, 유학시절 같이 방을 쓰던 룸메이트 일본친구는 중국의 대중문화에 대해 아는 게 별로 없이 중국에 왔다. 주윤발도 모르고 유덕화도 몰랐다. 그러던 어느 날 스무 살, 이 친구가 처음으로 사온 중국가수의 음반이 바로 이 왕비의 시디였다. 또래의 중국친구가 알려줬는지, 아니면 자기가 들어보고 맘에 들었는지 좌우지간 그 친구 취향에 맞았나 보다. 사실 나도 그때까지 왕비에 대해 아는 게 별로 없었다. 그저 그녀가 중국에서 가장 인기 있는 여가수 중의 하나 라는 정도였다고 할까. 물론 그래도 영화 〈중경삼림〉의 삽입곡 〈몽중인〉 정도는 알고 있었다.

왕비는 영화 〈중경삼림〉, 〈2046〉, 〈천하무쌍〉 등에서 강렬한 존재감을 과시했다. 그런데 영화에 관련된 한 인터뷰를 보니 자신의 연기가 맘에 안 든다는 얘기를 한다. 솔직하고 직설적이랄까. 그래서인지 왕비를 좋아하는 여자들이 많다. 거침없고 당당한 모습에서 대리만족을 하는 걸까. 어쨌건 튀긴 튀는 모양이다. 왕비는 현실의 사랑에 있어서도 거침없고 당당하다. 그녀는 두 번의 이혼 경력이 있고 현재 세 번째 결혼생활을 하고 있다. 강렬한 스타성을 가지고 있으니 일거수 일투족이 화제가 되고 있다.

왕비 노래의 특징이라면 무엇을 말할 수 있을까. 매력 있고 독특한 음색, 설명할 수 없는 그녀만의 분위기, 풍부한 감정표현, 전달력 등등을 들 수 있을 것 같다.

〈愿意〉

思念是一种很玄的東西 如影隨形 无聲又无息出沒在心底 轉眼 吞沒 我在寂默里 我无力抗拒 特別是夜里 喔 想你到无法呼吸 恨不能立卽 朝 你狂奔去 大聲的告訴你 愿意爲你 我愿意爲你 我愿意爲你 忘記我姓名 就算多一秒 停留在你怀里 失去世界也不可惜 我愿意爲你 我愿意爲你

我願意爲你 被放逐天際 只要你眞心 拿愛与我回應 什么都願意 什么都
願意 爲你 (music) 距离是一种很利的東西 刺痛心情 最担心因此消磨了
愛情 淹沒 彼此心中的默契 你給的愛情 是我活着的凭据 你是我生命唯
一 我何嘗不想 能靠你最近 用行動來証明 願意爲你 我愿意爲你 我愿意
爲你 忘記我姓名 就算多一秒 停留在你怀里 失去世界也不可惜 我愿意
爲你 我愿意爲你 我愿意爲你 被放逐天際 只要你眞心 拿愛与我回應 什
么都願意 什么都願意 爲你

　　그리움이란 참 오묘해서 그림자처럼 따라다니고 소리소문없이 마음
속에 출몰해요. 한순간에 날 외로움속에 빠지게 하죠. 난 저항할 힘이
없어요. 특히 밤에는. 당신을 생각하면 숨쉬기도 어려워요. 당장 달려
가 당신에게 큰소리로 말하지 못하는 내가 원망스럽네요. 당신을 위해
서라면 당신을 위해서라면 나는 내 이름도 잊을수 있어요. 1초라도 더
당신 곁에 있을수 있다면 세상 모든 것을 잃어도 아쉽지 않아요. 난
당신을 위해서라면 하늘가에서 쫓겨난다고 해도 괜찮아요. 당신이 진
정으로 날 받아주기만 한다면 뭐든지 할께요. 뭐든지 기꺼이 하고 싶
어요. 당신을 위해서.

대체불가능의 매력, 특별한 매력을 가진 왕비의 진가를 확인할 수
있는 노래다. 독특한 분위기와 호소력 있는 음색으로 듣는 이의 가슴
을 들었다 났다 하는 곡이다.

〈紅豆〉

　　還沒好好地感受 雪花綻放的气候 我們一起顫抖 會更明白 什么是溫
柔 還沒跟你牽着手 走過荒芙的沙丘 可能從此以后 學會珍惜 天長和地
久 有時候 有時候 我會相信一切有盡頭 相聚离開 都有時候 沒有什么
會永垂不朽 可是我 有時候 宁愿選擇留戀不放手 等到風景都看透 也許
你會陪我 看細水長流 還沒爲你把紅豆 熬成纏綿的傷口 然后一起分享
會更明白 相思的哀愁 還沒好好地感受 醒著親吻的溫柔 可能在我左右

你才追求 孤獨的自由　有時候 有時候 我會相信一切有盡頭 相聚离開
都有時候 沒有什麼會永垂不朽 可是我 有時候 宁愿選擇留戀不放手 等
到風景都看透 也許你會陪我 看細水長流　有時候 有時候 我會相信一切
有盡頭 相聚离開 都有時候 沒有什麼會永垂不朽 可是我 有時候 宁愿選
擇留戀不放手 等到風景都看透 也許你會陪我 看細水長流

　　아직은 눈꽃이 활짝 핀 계절을 잘 느끼지 못하지만 우리는 함께 떨
면서 따뜻함이 무엇인지를 더욱 알게 되었죠. 아직은 당신의 손을 잡
고 황량한 모래언덕을 걸어보지 못했지만 이마 지금부터는 영원함을
소중히 아끼는 법을 배우게 되겠죠. 때로는 때로는 모든 것에 끝이 있
다는 걸 믿게 되요. 만남과 헤어짐엔 모두 때가 있고 영원히 변치 않
는 것은 없다는 것을. 히지만 때로는 그리움을 선택하더라도 포기할
수가 없네요. 모든 것을 다 겪은 후에 당신과 긴 시간을 함께 할수도
있으니까요. 아직은 당신을 사랑하거나 상처를 받진 않았지만 훗날 추
억을 함께 나누게 되면 그리움의 애수를 더욱 알게 되겠죠. 아직은 입
맞춤의 따스함에서 완전히 깨어나지 못했지만 어쩌면 당신은 내 곁에
있을 때 비로소 고독의 자유를 느꼈던 것이겠지요.

　역시 왕비만의 묘한 매력이 잘 살아있는 곡이다. 단순히 애절하다는
설명으로는 부족하고 그 안에 또 다른 뭔가가 감춰져 있는 듯한 느낌
을 받는다. 직접 듣고 확인해 보시길.

중국가수들의 한국노래 번안

　문화는 서로 주고받는 것이다. 바다를 두고 서로 이웃하고 있는 중
국과 우리는 모든 분야에서 밀접한 관계를 맺고 있고, 대중문화의 교
류는 하루가 다르게 더욱 늘고 있다. 대중음악 역시 마찬가지다. 중국
의 많은 가수들이 우리의 노래들을 번안하여 불렀다. 한류가 강하게
불고 있는 현재, 아마도 그런 바람은 더욱 증가될 것이다. 대표적인 몇

몇 사례를 살펴보기로 하자.

　홍콩의 톱스타 알란탐은 가왕 조용필의 노래 〈친구여〉를 번안했다. 제목은 〈愛在深秋〉다. 중화권에도 널리 불려지는 노래다. 발라드의 황제 장신철은 드라마 〈겨울연가〉의 주제곡을 불러 엄청난 화제를 모았다. 중국어 제목은 〈從開始到現在〉다. 신승훈의 빅히트곡 〈보이지 않는 사랑〉도 중국어로 불렸다. 황품원의 〈城市情人夢〉이다. 신나는 댄스곡 코요테의 〈순정〉을 대만의 톱스타 임현제가 불렀다. 잘 어울리는 조합이다. 중국어 제목은 〈一條龍〉이다. 왁스의 〈오빠〉는 곽부성이 〈絶對美麗〉란 제목으로 번안해 불렀다.

　주주클럽의 〈나는 나〉를 소혜륜이 〈鴨子〉라는 노래로 불러 많은 사랑을 받았다. 중화권에서 큰 인기를 끌었던 이정현의 여러 곡을 천후 정수문이 계속해서 번안해서 불렀다. 예컨대 〈와〉를 〈獨一無二〉로, 〈바꿔〉를 〈眉飛色舞〉로 번안했다. 그밖에도 수많은 우리노래가 중국의 여러 가수들에 의해 번안되어 불려졌고 많은 사랑을 받았다.

28

무공해 음악

진기정(陳綺貞)

작년 EBS 세계테마기행 촬영을 위해 찾아간 중국 복건성
에서 알게 된 중국 여대생이 있다. 촬영에 많은 도움을 받았고 귀국 후
에도 종종 연락하고 지낸다. 촬영 중간 그 친구에게 물어본 적이 있다.

가장 좋아하는 여가수가 누구
냐고. 진기정이란 대답이 돌
아왔다. 진기정? 낯선 이름이
었고 그녀의 노래를 한 번도
들어본 적이 없었다. 복건성
여대생은 아주 열심히 진기정
이 왜 특별한 가수인가를 설
명한다. 그녀의 설명에 따르
면 진기정은 우선 실력이 아
주 뛰어난 가수고 용감하게
혼자만의 음악세계를 만들어
가는 가수, 그래서 연예계라

는 진흙탕 속에서도 오염되지 않는, 그런 사람이라고 한다.

그렇게 새로 알게 된 진기정의 노래를 찾아 들었다. 직접 기타를 치며 노래를 부르는 모습이 인상적이었고 들은 대로 노래 참 잘한다는 느낌을 받았다. 또한 싱어송라이터로 탄탄한 음악적 재능이 있는 것 같다. 가사도 멜로디도 깔끔하다는 인상을 받고 음성도 아주 부드럽고 편안하다. 비유컨대 순도 100퍼센트의 무공해 음악이라고 할까. 앞으로 자주 그녀의 노래를 듣게 될 것 같다.

〈太多〉

喜歡一个人孤獨的時刻 但不能喜歡太多 在地鐵站或美術館 孤獨像睡眠一樣餵養我 以永无止境的墜落 需要音樂取暖 喜歡一个人孤獨的時刻 但不能喜歡太多 喜歡一个喝著紅酒的女孩 在下雨音樂奏起的時候 把她送上鐵塔 給全世界的人寫明信片 像一只鳥在最高的地方 歌聲嘹亮 喜歡一个喝著紅酒的女孩 但不能喜歡太多 喜歡一个陽光照射的角落 但不能喜歡太多 是幼稚園的小朋友 笑聲像睡眠一樣打扰我 我們輕輕的揮一揮手 凝結照片的傷口 但不能喜歡太多 我喜歡一个陽光照射的角落 喜歡一个人孤獨的時刻 但不能喜歡太多 丢了－可以找回 不是我的 －怎么也找不到

혼자 고독한 시간을 좋아해. 하지만 너무 오래 고독한 건 싫어. 고독은 마치 잠처럼 나를 길러주지. 영원히 멈추지 않는 추락, 음악의 온기가 필요해. 혼자 고독한 시간을 좋아해. 하지만 너무 오래인 것은 싫어. 포도주를 마시고 있는 여자애를 좋아해. 비오는 날 음악이 연주될 때 그녀를 철탑으로 보내서 전 세계 사람들에게 엽서를 쓰게 하지. 가장 높은 곳에 있는 새가 맑게 우는 것 같아. 태양이 내리쬐는 구석을 좋아해. 하지만 너무 오래인 것은 싫어. 유치원의 꼬마아이, 웃음소리가 잠자는 것처럼 나를 방해하네. 우리는 가볍게 손을 흔들며 사진 속의 상처를 응고시키지. 한번 잃어버리면 찾아볼 수는 있지만 아수가 아니지. 어떻게 해도 찾을 수 없네.

맑고 깨끗한 음색, 마치 어린 소녀가 부르는 듯한 느낌을 받는다. 악기의 소리를 최대한 배재하여 목소리에 집중하게 만든다.

〈旅行的意義〉

你看過了許多美景 你看過了許多美女 你迷失在地圖上每一道短暫的光陰 你品嘗了夜的巴黎 你踏過下雪的北京 你熟記書本里每一句你最愛的眞理 却說不出你愛我的原因 却說不出你欣賞我哪一种表情 却說不出在什么場合我曾讓你動心 說不出離開的原因 你累計了許多飛行 你用心挑選紀念品 你搜集了地圖上每一次的風和日麗 你擁抱熱情的島嶼 你埋葬記憶的土爾其 你流連電影里美麗的不眞實的場景 却說不出你愛我的原因 却說不出你欣賞我哪一种表情 却說不出在什么場合我曾讓你分心 說不出旅行的意義 你勉强說出你愛我的原因 却說不出你欣賞我哪一种表情 却說不出在什么場合我曾讓你分心 說不出離開的原因 勉强說出你爲我寄出的每一封信 都是你離開的原因 你離開我 就是旅行的意義

당신은 많은 아름다운 풍경을 보았지 많은 미녀들을 보았고 그대가 길을 잃었던 지도 위에는 매번 짧은 시간들이 있었어. 당신은 파리의 밤을 맛보았고 눈내리는 베이징을 걸어봤지. 당신은 책속에서 가장 좋아하는 진리를 잘 알고 있지. 날 왜 사랑하는지 말하지 못했지. 내 어떤 표정이 맘에 드는지도 말하지 못했고 내가 언제 당신의 맘을 움직였는지도 말하지 못했어. 떠나는 이유를 말하지 않았지. 당신은 많은 비행을 축적했지. 열심히 기념품을 샀으며 당신이 모은 지도 상에는 매번 날씨가 화창했어. 그대는 열정의 섬을 껴안았고 터키의 기억을 묻은 채 영화 속의 그 아름답고 비현실적인 곳에 머물렀지. 날 왜 사랑하는지 말하지 못했지. 내 어떤 표정이 맘에 드는지도 말하지 못했고 내가 널 언제 걱정시켰는지도 말하지 않았어. 여행의 의미를 말하지 않았어. 억지로 사랑의 이유에 대해 말했지. 날 왜 사랑하는지 말하지 못했지. 내 어떤 표정이 맘에 드는지도 말하지 못했고 내가 언제 당신의 맘을 움직였는지도 말하지 못했어. 여행의 의미를 말하지 못했어. 나에게 보낸 편지들. 모두 당신이 떠난 이유지. 나를 떠나가는. 그것이 여행의 의미지.

여행의 의미라, 글쎄 여행을 떠나는 이유는 다양하겠지만 어쨌든 그 안에서 우리는 많은 것을 얻고 또 치유받는 것 같다. 그래서 우리는 종종 어떤 것을 덜어내기 위해 여행을 떠나지 않던가.

15억의 노래 - 제1부 중국대중음악의 빛들

29

발라드의 여신

양정여(梁靜茹)

한국에서 중국어를 공부하는 여대생들에게 좋아하는 가수가 누군지 물어보면 꼭 빠지지 않고 나오는 가수 중 한명이 양정여다. 솔직히 나는 최근의 중국 가수에 대해서는 잘 알지 못하고 더구나 여가수에 대해서는 더더욱 그렇다. 그래도 이렇게 학생들의 추천을 통해 최근 가수들에 대한 정보와 노래를 접할 수 있어 다행이다.

양정여는 감미로운 발라드를 주무기로 하고 있고 뛰어난 가창력을 자랑하는 가수다. 잔잔한 멜로디에 감성적인 가사, 그리고 뛰어난 전달력, 양정여가 왜 인기가 있는지 노래를 듣다보면 자연스레 수긍이 간다. 양정여는 말레이시아 화교 출신이고 2000년대에 들어 많은 사랑을 받는 톱가수다.

그녀의 노래 중 특히 〈親親〉과 〈勇氣〉를 좋아하는 이들이 많다.

〈勇氣〉

終于做了這个決定 別人怎么說我不理 只要你也一樣的肯定 我愿意天
涯海角都隨你去 我知道一切不容易 我的心一直溫習說服自己 最怕你忽
然說要放弃 愛眞的需要勇氣 來面對流言蜚語 只要你一个眼神肯定 我的
愛就有意義 我們都需要勇氣 去相信會在一起 人潮擁擠我能感覺你 放在
我手心里 你的眞心 終于做了這个決定 別人怎么說我不理 只要你也一樣
的肯定 我愿意天涯海角都隨你去 我知道一切不容易 我的心一直溫習說
服自己 最怕你忽然說要放弃 愛眞的需要勇氣 來面對流言蜚語 只要你一
个眼神肯定 我的愛就有意義 我們都需要勇氣 去相信會在一起 人潮擁擠
我能感覺你 放在我手心里 你的眞心 如果我的堅强任性
會不小心傷害了你 你能不能溫柔提醒 我雖然心太急 更害怕錯過你
愛眞的需要勇氣 來面對流言蜚語 只要你一个眼神肯定 我的愛就有意義
我們都需要勇气 去相信會在一起 人潮擁擠我能感覺你 放在我手心里 你
的眞心

마침내 결정을 내렸지. 다른이들이 뭐라 해도 나는 상관하지 않을
거야. 당신도 긍정하기만 한다면 나는 그 어디라도 당신과 함께기길
원하지. 모든 것이 쉽지 않다는 것을 알아. 내 마음은 계속 내 자신을
설득하고 있어. 당신이 갑자기 포기한다고 말할까봐 가장 두려워. 사
랑엔 정말 용기가 필요해. 온갖 유언비어와 마주하지. 당신의 확실한
눈빛만 있다면 내 사랑은 의미가 있겠지. 우리에겐 용기가 필요해. 함
께 할수 있다고 믿어야 돼. 복잡한 인파속에서도 나는 당신을 느낄수
있어. 내 손안에 당신의 진심이 있으니까. 만약 나의 제멋대로인 성격
이 당신에게 상처를 준다면 당신은 따뜻하게 나를 일깨워줄수 있는지.
비록 내 마음은 아주 급하지만 더욱 두려운 것은 내가 당신에게 잘못
을 하지 않을까 하는 걱정이지.

많은 이들이 좋아하는 발라드 곡이다. 부드럽고 고운 목소리와 애절한 멜로디가 조화를 이루며 사람들의 마음을 어루만져 주고 있다.

〈可惜不是你〉

這一刻突然覺得好熟悉 像昨天今天同時在放映 我這句語气原來好像你 不就是我們愛過的証据 差一点騙了自己騙了你 愛与被愛不一定成正比 我知道被疼是一种運气 但我无法完全交出自己 努力爲你改變 却變不了預留的伏線 以爲在你身邊那也算永遠 仿佛還是昨天 可是昨天已非常遙遠 但閉上我双眼我還看得見 可惜不是你 陪我到最后 曾一起走却走失那路口 感謝那是你 牽過我的手 還能感受那溫柔 那一段我們曾心貼着心 我想我更有權利關心你 可能你已走進別人風景 多希望也有星光的投影 努力爲你改變 却變不了預留的伏線 以爲在你身邊那也算永遠 仿佛還是昨天 可是昨天已非常遙遠 但閉上我双眼我還看得見 可惜不是你 陪我到最后 曾一起走却走失那路口 感謝那是你 牽過我的手 還能感受那溫柔 可惜不是你 陪我到最后 曾一起走却走失那路口 感謝那是你 牽過我的手 還能感受那溫柔 感謝那是你 牽過我的手 還能溫暖我胸口 梁靜茹-可惜不是你

이 순간 갑자기 익숙함을 느꼈어. 마치 어제와 오늘이 동시에 있는 것처럼. 내 이 말투가 당신과 닮은 거였어. 우리가 사랑했던 증거가 아닐까. 하마터면 나도 속이고 당신도 속일 뻔 했어. 사랑하는 것과 사랑받는 것은 완전히 똑같을 순 없어. 나는 사랑받는 것이 행운이라는 것을 알아. 단지 내 자신을 완전히 내어놓을 수 없을 뿐. 당신을 위해 변하려 노력했지만 예상되었던 복선을 끝내 바꾸진 못했지. 당신옆에 있던 그 시간이 영원이라고 해도 이미 지나간 것 같아. 하지만 지난날은 이미 너무 먼 곳에 있네. 하지만 눈을 감으면 볼 수가 있어. 당신이 아니어서 안타깝네. 나와 함께 마지막까지 길을 잃었던 그곳까지 걸었던 당신이 아니라서. 내 손을 잡아주던 당신의 손길, 그 따뜻함을 느낄 수 있게 해줘서 고마웠어. 그 순간 우리의 마음은 맞닿아 있었지. 나는 당신을 아껴줄 권리가 있어. 하지만 당신은 이미 다른 이의 풍경 속으로 들어갔으니 별빛이 당신을 비쳐주길 바래.

한마디로 슬픔이 뚝뚝 묻어나는 노래다. 중국의 슬픈 발라드가 듣고 싶은 사람이라면 양정여의 노래를 들어보시라.

30

90년대의 팔방미인

소혜륜(蘇慧倫)

중화권 여가수를 이야기할 때 소혜륜을 빼면 서운하다. 90년대 이후 한국에 가장 널리 알려진 여가수 중 한명일 것이다. 특히 〈鴨子〉라는 노래로 우리에게도 친숙한데 그 곡이 주주클럽의 〈나는 나〉를 번안한 곡이기 때문이다. 소혜륜은 1970년 대만에서 출생했고 어린 시절부터 경극을 배우면서 음악적 소양을 갖추었고 1990년 연예계에 데뷔했다.

데뷔앨범부터 큰 인기를 끌었고 특히나 〈레몬트리〉가 대박을 치면서 톱스타 자리에 올랐다. 맑고 청아한 목소리와 깜찍한 외모로 젊은이들의 우상이 되었다. 90년대 중반 한창 중국 노래를 듣던 시절에 소혜륜의 앨범을 사서 듣던 기억이 난다. 이후 소혜륜은 가수 뿐 아니라 드라마, 영화에 출연하면서 배우로도 활발히 활동하고 있다. 최근 들어서는 활동이 다소 뜸한 것 같아 아쉽다.

〈我一个人住〉

你有獨處的時候我就是孤獨　你在微笑的時候我就是幸福　親愛的我的溫柔你怎么記得住　我從來沒有在你面前哭　你去流浪的時候我也被放逐你想說謊的時候我變成賭注　親愛的我的溫柔你怎么記得住　在你身邊我像影子一樣模糊　在你的世界里我一个人住　你認爲甛蜜我覺得痛苦　你曾說過愛情應該是无條件地付出　到最后還是我一个人住　跟你的脚步我迷了路　我很難對自己交待清楚　因爲我在乎你有獨處的時候我就是孤獨　你在微笑的時候我就是幸福　親愛的我的溫柔你怎么記得住　我從來沒有在你面前哭 (music) 你去流浪的時候我也被放逐　你想說謊的時候我變成賭注　親愛的我的溫柔你怎么記得住　在你身邊我像影子一樣模糊　在你的世界里我一个人住　你認爲甛蜜我覺得痛苦　你曾說過愛情應該是无條件地付出　到最后還是我一个人住　跟你的脚步我迷了路　我很難對自己交待清楚　因爲我在乎在你的世界里我一个人住　你認爲甛蜜我覺得痛苦　你曾說過愛情應該是无條件地付出　到最后還是我一个人住　跟你的脚步我迷了路　我很難對自己交待清楚　因爲我在乎

당신이 혼자 있을 때 나는 외로웠고 당신은 웃고 있을 때 나는 행복했지요. 사랑하는 이여, 당신은 나의 따스함을 어떻게 기억하나요. 나는 한번도 당신 앞에서 운 적이 없죠. 당신이 유랑하고 있을 때 나도 쫓겨났고 당신이 거짓말을 하려고 할 때 나도 도박사로 변했죠. 사랑하는 이여 당신은 나의 따스함을 어떻게 기억하나요. 당신의 곁에서 나는 그림자처럼 흐릿했죠. 당신의 세계에서 나는 혼자 지냈어요. 당신의 달콤하다고 여겼을 때 나는 고통스러웠어요. 당신은 사랑이란 무조건 헌신하는 것이라 했죠. 결국 마지막엔 나 혼자였어요. 당신의 발걸음을 따라가다 나는 길을 잃었어요. 나 스스로와 마주하면 혼란스러워요. 당신의 세계 속에서 나는 혼자라고 느끼니까요.

소혜륜 하면 떠오르는 이미지는 우선 깜찍 발랄함이다. 그런 그녀의 매력을 잘 살려주는 곡이고, 역시나 달달하다.

〈春的花秋的風冬的飄雪愛的人〉

春的花秋的風冬的飄雪愛的人 多繽紛多歡欣多美麗人生 只可惜身邊的心中的我愛的人 今天竟輕輕的不告別離開 你的話語 你的微笑 我將掛念留住 你的熱織熱暖熱火般的眞愛 讓我可於每一日到每一夜都溫暖 成長只因經過眞的戀愛 得出這個我 回憶中的感覺心中不覺留起 人海中的一角瀟灑一個 心中只有你 回憶中的感覺心中早已留起 爲你 (音樂伴奏) 春的花秋的風冬的飄雪愛的人 多應想掌握到可惜最後落空 風非風花非花身邊經過許多人 都虛空都匆匆都似在夢中 只因爲你 只因是你 我將掛念留住你的熱織熱暖熱火般的眞愛 讓我可於每一日到每一夜都溫暖 成長只因經過眞的戀愛 得出這個我 回憶中的感覺心中不覺留起 人海中的一角瀟灑一個 心中只有你 回憶中的感覺心中早已留起 爲你 成長只因經過眞的戀愛 得出這個我 回憶中的感覺心中不覺留起 人海中的一角瀟灑一個 心中只有你 回憶中的感覺心中早已留起 爲你 (音樂伴奏)

봄의 꽃, 가을의 바람, 겨울의 흩날리는 눈, 사랑하는 사람. 얼마나 너저분하고 얼마나 기쁘고 얼마나 아름다운 인생인가. 다만 내 곁의 사랑하는 이가 안타까워라. 오늘은 뜻밖에도 이별을 말하지 않네. 그대의 말, 그대의 미소, 나는 가슴속에 간직할거야. 당신의 불같은 진실한 사랑은 매일매일 나를 따뜻하게 해주었지. 진실한 연애를 통해 자랐기에 오늘날의 내가 만들어졌다. 기억속의 느낌은 마음속에 남아있지 않아 인파의 한 모퉁이에서 하나가 떠오르네. 내 마음 속에는 오직 그대뿐 그 기억의 느낌은 오래전부터 남아있지. 당신을 위해. 바람은 불지 않고 꽃은 피지 않아. 많은 사람들이 내 곁을 지나갔지만 모두 공허하고 총총 망망 마치 꿈속 같아. 오직 당신 때문에. 당신 때문이지.

예전에 참 좋아했던 노래다. 맑은 음색으로 채색되는 멋진 멜로디, 소혜륜이 얼마나 매력적이고 사랑스러운 가수인지를 느끼게 해주는 노래라고 할까.

31

서역에서 온 남자

도랑(刀郞)

예전 유학시절의 일이다. 하루는 친한 후배가 노래가 좋아서 샀다며 음반을 하나 선물했다. 모르는 가수였지만 제목이 인상적이었다. 바로 〈2002年的第一場雪〉이란 타이틀이었다. 그 가수가 도랑이었다. 이름도 참 특이하다 생각하면서 컴퓨터 시디롬에 넣었다. 시원시원하면서 뭔가 애절하기도 하고 몽환적이기도 하면서 독특한 느낌을 받았다. 노래가사대로 우루무치의 눈내리는 풍경이 연상되면서 말이다.

도랑은 중국 서부 신강 자치구의 음악을 대표한다. 도랑 자신은 한족이지만 그의 노래에는 신강의 특색이 물씬 묻어난다. 그것은 그의 경력과 관련이 있다.

1995년부터 2004년간 그는 신강 우루무치의 음악회사에서 음악제작을 담당했다. 그 기간 동안 수많은 곡을 만들었고 그것이 밑바탕 되어 자신의 앨범을 내게 된다. 도랑의 인기는 신강일대에서 시작되어 전국으로 퍼졌고 이후 이른바 신강을 대표하는 가수가 되었다. 자신만의 확실한 색깔로 많은 사랑을 받고 있고 수많은 상을 수상했으며 콘서트 활동도 활발히 펼치고 있다.

〈2002年的第一場雪〉

2002年的第一場雪 比以往時候來的更晚一些 停靠在八樓的二路汽車 帶走了最后一片飄落的黃叶 2002年的第一場雪 是留在烏魯木齊難舍的 情結 你象一只飛來飛去的蝴蝶 在白雪飄飛的季節里搖曳 忘不了把你摟 在怀里的感覺 比藏在心中那份火熱更暖一些 忘記了窗外的北風凜冽 再一次把溫柔和纏綿重疊 music 是你的紅唇粘住我的一切 是你的体貼讓 我再次熱烈 是你的万种柔情融化冰雪 是你的甛言蜜語改變季節 2002年的第一場雪 比以往時候來的更晚一些 停靠在八樓的二路汽車 帶走了最后一片飄落的黃叶 2002年的第一場雪 是留在烏魯木齊難舍的情結 你象一只飛來飛去的蝴蝶 在白雪飄飛的季節里搖曳 是你的紅唇粘住我的一切 是你的体貼讓我再次熱烈 是你的万种柔情融化冰雪 是你的甛言蜜語改變季節

2002년의 첫 번째 눈, 예년에 비해 조금 늦었지. 8층 건물 옆에 서는 2번 버스는 마지막 떨어지는 노란 낙엽을 가지고 가버렸네. 2002년 첫 번째 눈, 우루무치에 버리기 어려운 애정을 남겼네. 그대는 날아가는 한 마리 나비 같았고 흰 눈이 흩날리는 계절에서 나풀거렸지. 그대를 안았을 때의 느낌을 잊을 수 없고 마음속에 감추었던 정열은 더욱 따뜻했어. 창밖의 북풍과 추위도 잊고 다시 한번 따뜻함과 상냥함이 겹쳐지네. 당신의 붉은 입술이 나의 모든 것을 멈추게 했고 당신의 자상함은 다시 열렬한 감정을 품게 했지. 당신의 부드러움은 얼음과 눈을 녹였고 당신의 달콤한 말은 계절을 변화케 했지.

거칠고 황량한 서역 우루무치의 이국적 분위기가 물씬 풍기는 음색이 좋다. 쓸쓸하면서도 담담한 느낌, 말하자면 뭔가 색다른 느낌의 노래라고 할 수 있겠다.

〈草原之夜〉

美麗的夜色多沉靜　草原上只留下我的琴聲　想給遠方的姑娘寫封信　耶~~~ 可惜沒有郵遞員來傳情　哎~~~~ 等到千里雪消融　等到草原上送來春風　可克達拉改變了模樣　耶~~~　姑娘就會來伴我的琴聲　來來來來~~~~~ 姑娘就會來伴我的琴聲　姑娘就會來伴我的琴聲　哎~~~~~

아름다운 밤 얼마나 고요한가. 초원 위에는 내 거문고 소리만 남았네. 먼 곳에 있는 아가씨에게 편지를 쓰고 싶어라. 아, 하지만 전달해 줄 집배원이 없네. 아 천리의 눈이 녹길 기다려야지. 초원 위에 봄바람이 불어오길 기다려야지. 녹색 초원의 모습이 변했네. 아. 아가씨가 와서 내 거문고 소리에 짝을 맞춰주겠지. 아가씨가 와서 내 거문고 소리에 짝을 맞춰 줄거야.

역시 도랑의 노래답다. 드넓은 초원, 깨끗하고 광활한 대자연, 그곳에 있는 한 남자의 맑은 영혼이 느껴진다.

32

대륙음악의 꽃

나영(那英)

현재 대륙에도 수많은 스타급 여가수가 많다. 그중 중견급이면서 오랫동안 꾸준한 사랑을 받는 여가수 중 나영을 빠뜨릴 수 없다. 20년의 세월동안 활동하고 있으니 중국인들이라면 모두 알만큼 대중적 지지를 가지고 있다. 홍콩이나 대만이 아닌 대륙에서 그 정도 위치에 오른 여가수는 그리 많지 않다. 나영은 동북 심양 출신으로 가수의 꿈을 안고 북경으로 진출, 1994년 마침내 데뷔앨범을 발표하기에 이른다. 그녀의 노래는 대륙은 물론 대만에서도 큰 인기를 얻었고 대만 가요시상식에서 수상할 정도였다. 나영은 전 중국인이 시청한다는 CCTV의 설날 특집 프로그램에 단골로 출연하고 있고 여러 드라마에도 출연한 바 있다.

결혼과 출산으로 가요계를 떠났던 나영은 2011년 새 앨범으로 돌아왔다. 최근 오디션의 심사위원으로도 활발히 활동하고 있는데, 그녀의 모습에서 뭐랄까, 관록이 느껴진다. 수많은 히트곡이 있지만 대표곡이라면 역시 〈征服〉, 〈一笑而過〉 등을 꼽을 수 있다.

〈征服〉

終于你找到一个方式分出了胜負 輸贏的代价是彼此粉身碎骨 外表健康的你心里傷痕无數 頑强的我是這場戰役的俘虜 就這樣被你征服 切斷了所有退路 我的心情是堅固 我的決定是糊涂 就這樣被你征服 喝下你藏好的毒 我的劇情已落幕 我的愛恨已入土 終于我明白倆人要的是一个結束 所有的辯解都讓對方以爲是企圖 放一把火燒掉你送我的礼物 却澆不熄我胸口灼熱的憤怒 就這樣被你征服 切斷了所有退路 我的心情是堅固 我的決定是糊涂 就這樣被你征服 喝下你藏好的毒 我的劇情已落幕 我的愛恨已入土 你如果經過我的墳墓 你可以双手合十爲我祝福就這樣被你征服 切斷了所有退路 我的心情是堅固 我的決定是糊涂 就這樣被你征服 喝下你藏好的毒 我的劇情已落幕 我的愛恨已入土

끝내 당신은 방법을 찾아 승부를 가렸지. 승부의 대가는 서로 몸과 뼈가 부서지는 것이었어. 겉으로 건강해 보이는 당신 마음은 무수한 상처가 있지. 완고한 나는 이 전쟁에서 포로일 뿐. 이렇게 당신에게 정복당해 퇴로가 끊겨졌으니 나의 마음은 견고하고 나의 결정은 어리석었지. 이렇게 당신에게 정복당해 당신이 숨긴 독배를 마셨네. 내 연극은 이미 막을 내렸고 나의 사랑과 원망은 이미 죽어버렸네. 결국 나는 두 사람이 원하는 것이 헤어짐이란 것을 알았어. 모든 변명은 의도

한 것으로 여겨지네. 당신이 나에게 준 선물을 태워버렸지만 가슴속에서 작렬하는 분노는 불타올라 꺼지지 않아.

나영 특유의 애절하고 호소력 있는 목소리가 잘 살아있는 곡이다. 왜 그녀가 대륙의 일급 가수인지를 입증한다.

〈一笑而過〉

不要 把臉藏在月光背后 有誰在意我們的生活 坐在安靜角落 該爲這一刻找个解脫 不要 你眼里僞裝的內疚 該是自己幸福的時候 靜靜的想一想 誰會追求刻意的溫柔 你傷害了我 還一笑而過 你愛的貪婪 我愛的懦弱 眼泪流過 回憶是多余的 只怪自己愛你所有的錯 你傷害了我 還一笑而過 你愛的貪婪 我愛的懦弱 眼泪流過 回憶是多余的 刻骨銘心就這樣的被你 一笑而過 不要 你眼里僞裝的內疚 該是自己幸福的時候 靜靜的想一想 誰會追求刻意的溫柔 你傷害了我 還一笑而過 你愛的貪婪 我愛的懦弱 眼泪流過 回憶是多余的 只怪自己愛你所有的錯 你傷害了我 還一笑而過 你愛的貪婪 我愛的懦弱 眼泪流過 回憶是多余的 刻骨銘心就這樣的被你 一笑而過 心碎千百遍 任誰也无法承担 想安慰自己 沒有語言 你傷害了我 還一笑而過 你愛的貪婪 我愛的懦弱 眼泪流過 回憶是多余的 只怪自己愛你所有的錯 你傷害了我 還一笑而過 你愛的貪婪 我愛的懦弱 眼泪流過 回憶是多余的 刻骨銘心就這樣的被你 一笑而過 刻骨銘心就被你 一笑而過

얼굴을 달빛 뒤로 숨기지 말아요. 누가 우리의 생활에 신경쓰겠어요. 조용한 구석에 앉아 이 순간을 위해 해탈을 찾아야겠어요. 당신의 눈에 위장된 상처는 원치 않아요. 자신의 행복했던 시간을 조용히 생각해 봐야겠네요. 누가 일부러 따뜻함을 추구하겠어요. 당신은 나에게 상처를 주었지만 나는 한번 웃고 넘기지요. 당신의 탐욕, 나의 유약함 눈물은 흘러갔고 기억은 많이 남았지요. 그저 당신을 사랑한 나의 모든 잘못을 탓할 뿐. 당신은 나에게 상처를 주었지만 나는 한번 웃고 넘기지요. 당신의 탐욕, 나의 유약함. 눈물은 흘러갔고 기억은 많이 남았지요. 가슴 속 깊이 간직했는데 이렇게 당신에게. 한번 웃고 넘기지요. 백번 천번 가슴이 아프니 누구도 감당할 수 없네요. 내 자신을 위안하고 싶을뿐 할말이 없네요.

사랑의 아픔, 그것을 삭여야 하는 슬픔, 때로는 슬픔이 슬픔을 치유한다. 나영의 노래는 그런 힘이 있는 것 같다. 아픈 마음을 어루만지는.

2008년 북경 올림픽 주제가

지난 2008년 북경 올림픽은 역대 최대 규모로 치루어졌다. 21세기 강대국으로 급부상한 중국은 올림픽을 통해 자국에 대한 자신감과 자부심을 숨기지 않았다. 하드파워는 물론 유구한 역사와 문화를 바탕으로 하는 소프트파워의 진면목을 보여주려 애썼다. 개, 폐막식에 쏟아부은 천문학적인 비용과 그 화려한 모습은 그것을 상징적으로 보여주었다. 또한 중화는 하나, 라는 캐치프레이즈 아래 수많은 중국인들이 단결되었다.

예전 우리도 그랬듯이 중국은 올림픽 주제가에 큰 공을 들였다. 중화권의 톱스타들이 대거 참여하여 하나 된 중국, 세계 속의 중국을 만방에 들려주었다. 우리에게도 친숙한 스타부터 잘 모르는 가수들까지 여러 명의 가수들이 등장했는데, 사실 중화권에서는 누구나 아는 톱클래스의 가수라고 보면 되겠다.

공식 주제가 〈北京歡迎你〉는 모두 100명의 가수가 참여했다. 대륙가수로는 손남, 한홍, 황효명, 이우춘 등이, 대만가수로는 주화건, 채의림, 오극군 등이, 홍콩은 성룡, 진혁신, 막문위 등이 참여했고, 기타 외국 국적을 가진 화교 출신으로는 임준걸, 임현제, 손연자 등이 참여했다. 우리 가수 장나라도 외국인으로는 유일하게 주제가에 참여했다.

33

만능 엔터테이너

임준걸(林俊杰)

임준걸은 싱가폴 화교출신으로 현재 중화권 음악계에
서 많은 인기를 끌고 있는 젊은 가수다. 2003년 대만에서 데뷔했고 현
재까지 7장의 정규앨범을 발표했으며 배우로도 활약 중이다. 작사, 작
곡을 겸하는 싱어송라이터로 뛰어난 음악적 재능과 개성 있는 음색으
로 주목을 받고 있다. 특히 2004년 앨범 《江南》으로 전 중화권에서 큰
인기를 끌며 톱스타로 발돋움했다.

1981년 싱가폴에서 태어났고 집안은 대대로 음악가 집안이었다. 부
모의 지도로 어렸을 때부터 자연스레 음악을 접했고 곧 뛰어난 재능을
보였다고 한다. 96년부터 각종 오디션에 참가하여 수상하며 자신의 음
악적 재능을 드러냈다.

얼마 전 수업시간에 한 학생이 자신이 좋아하는 가수라며 임준걸을
소개하고 노래를 부른 적이 있다. 잔잔하지만 세련된 느낌이 들었고
들다보니 그만의 개성이 있었다. JJ라는 약칭으로 많이 불리는 것 같고,

이제 데뷔 10년을 맞이하여 넓은 중화권에서 확실히 자리를 잡은 것 같다.

〈江南〉

風到這里就是粘 粘住過客的思念 雨到了這里纏成線 纏着我們留戀人世間 你在身邊就是緣 緣分寫在三圣石上面 愛有万分之一恬 宁愿我就葬在這一点 圈圈圓 圓圈圈 天天年 年天天 的我 深深看你的臉 生气的溫柔 埋怨的溫柔 的臉 不懂愛恨情愁煎熬的我們 都以爲相愛就像風云的善變 相信那一天 抵過永遠 在這一刹那凍結了時間 不懂怎么表現溫柔的我們 還以爲殉情只是古老的傳言 离愁能有多痛 痛有多濃 当夢被埋在江南烟雨中 心碎了才懂 (music) 圈圈圓 圓圈圈 天天年 年天天 的我 深深看你的臉 生气的溫柔 埋怨的溫柔 的臉 不懂愛恨情愁煎熬的我們 都以爲相愛就像風云的善變 相信那一天 抵過永遠 在這一刹那凍結了時間 不懂怎么表現溫柔的我們 還以爲殉情只是古老的傳言 离愁能有多痛 痛有多濃 当夢被埋在江南烟雨中 心碎了才懂 (music) 相信那一天 抵過永遠 在這一刹那凍結了時間 不懂怎么表現溫柔的我們 還以爲殉情只是古老的傳言 离愁能有多痛 痛有多濃 当夢被埋在江南烟雨中 心碎了才懂

바람이 여기로 불어와 머무네. 나그네의 그리움이 머무네. 비가 여기에 내려 선을 이루네. 우리를 감싸고 인간세상을 흐르네. 그대가 곁에 있는 건 인연이라네. 인연은 바위위에 새겨져 있고 사랑에는 만분의 일의 달콤함이 있지. 하지만 나는 사랑을 위해 여기에 묻혀버리는 걸 선택할거야. 동그랗고 동그랗네. 매일매일 나는 너의 얼굴을 바라보지. 화났을 때의 얼굴, 원망할 때의 얼굴 모두가 사랑하는 이의 얼굴이었네. 사랑, 원망, 애정, 근심, 고통을 이해하지 못했던 우리 서로의 사랑이 바람과 구름처럼 쉽게 변하는 것이라 여겼지. 하지만 지금은 사랑할 때의 하루가 헤어진 뒤의 영원보다 낫다고 믿어. 그때 그 시간에 시간이 멈췄으면 좋겠네. 사랑하는 마음을 표현할 줄 몰랐던 우리. 죽을 때까지 사랑하는 순정은 옛날이야기 속에만 있을 거라고 생각했어. 이별의 아픔이 얼마나 큰지. 그 아픔이 얼마나 깊은 건지. 꿈이 강남의 안개비속에 묻혀버려. 가슴이 찢어질 듯 아파본 후에야 알게 되지.

바람소리가 들리는 도입부가 꽤 인상적이다. 중간 중간의 피리소리, 거문고 소리, 물소리도 듣기 좋다. 전체적으로 깔끔한 느낌이고 보이스도 안정적이다. 임준걸, 노래 잘한다.

〈一千年以后〉

心 跳亂了節奏 夢也不自由 愛 是个絶對承諾 不說 撑到一千年以后 放任无奈 淹沒塵埃 我在廢墟之中守着你走來 Ho~~ 我的泪光 承載不了 Ho~~ 所有一切你要的愛 因爲在 一千年以后 世界早已沒有我 无法深情挽着你的手 淺吻着你額頭 別等到 一千年以后 所有人都遺忘了我 那時紅色黃昏的沙漠 能有誰 解開纏繞千年的寂寞 放任无奈 淹沒塵埃 我在廢墟之中守着你走來 Ho~~ 我的泪光 承載不了 Ho~~ 所有一切你需要的愛 因爲在 一千年以后 世界早已沒有我 无法深情挽着你的手 淺吻着你額頭 別等到 一千年以后 所有人都遺忘了我 那時紅色黃昏的沙漠 能有誰 解開纏繞千年的寂寞 无法深情挽着你的手 淺吻着你額頭 別等到 一千年以后 所有人都遺忘了我 那時紅色黃昏的沙漠 能有誰 解開纏繞千年的 寂寞 Ho~~ 纏繞千年的寂寞

심장이 제멋대로 뛰고 꿈도 마음대로 되지 않네요. 사랑은 절대적인 약속이죠 말없는. 천년이후까지 지켜갈 거에요. 제멋대로 무력하게 세월은 흘러가고 난 폐허 속에서 그대가 오길 기다려요. 눈물은 나를 다 담을 수 없죠. 필요한 모든 사랑을. 천년 후에는 세상에 난 없을 테니까요. 당신의 손을 다정히 잡아줄 수도 없고 당신의 이마에 가벼운 키스를 해줄 수도 없죠. 천년 후를 기다리지 마세요. 모든 이들이 나를 잊을 거에요. 그때 붉은 황혼의 사막에서 누가 내 천년에 얽힌 기다림과 외로움을 풀어줄 수 있을까요.

임준걸의 매력은 애절하고
섬세한 보이스다. 그런 자신의
매력을 잘 살린 곡이라 하겠
다. 약간은 몽환적인 느낌도
들고 가사의 절절함도 인상적
인 것이 한마디로 느낌 있다.

34

홍콩 록의 신화

비욘드(Beyond)

2013년 5월 중국판 〈나는 가수다〉에 비욘드가 등장했
다. 그 자리에 있던 관중들은 물론 대기하고 있던 다른 가수들도 감격
스런 표정으로 노래를 따라부르며 눈물을 글썽였다. 황관중이 히트곡
중 하나인 〈광휘세월〉을 불렀는데, 보고 있자니 나도 가슴이 뭉클해졌
다. 그리고 보니 올해는 비욘드 결성 30주년이고 황가구가 세상을 뜬
지 20년이 되는 해다. 세월이 유수같다더니 정말 빠르다. 일본에
X-Japan, 우리 한국에 시나위, 부활이 있다면 홍콩엔 바로 이들 비욘드
가 있다.

비욘드의 베스트음반을 오랜만에 다시 들었다. 그 특유의 바이브레
이션과 씩씩하고 저돌적인 음색에 마음이 확 풀어졌다. 얼마 전 우리
배우 유오성이 주인공 중 한명으로 출연한 대작 중국영화 〈광휘세월〉
이란 영화를 보았다. 그 주제곡을 비욘드가 불렀는데, 다시 들어도 역
시 좋았다. 풋풋한 청년이었던 그들이 이제는 중년의 모습이었다.

비욘드는 1983년 데뷔 했는데, 당시 범람하던 외국곡 번안의 홍콩 대중음악계에서 자신들만의 음악을 창조하기 위해서 나선다고 출사표를 던졌다. 발라드 일색이었던 홍콩 음악계에 록음악을 개척해나갔다. 첫 싱글음반은  1987년도에 발표되는데, 5인조 밴드로 데뷔곡은 〈영원등대〉였다. 이후 승승장구, 홍콩의 대표적인 밴드로 올라서게 된다. 그룹 이름 비욘드는 보이지 않고 미치지 못하는 영역으로 도전하겠다는 굳은 의지의 소산이었다.

1990년 영화 〈천장지구〉의 주제가를 담당했는데, 영화의 성공으로 비욘드의 인기도 더욱 상승했다. 홍콩을 넘어 대만, 일본, 한국 등에도 그들의 앨범이 발매되면서 더욱 상승가도를 달렸다.

그러나 호사다마였을까. 일본 공연 도중 뜻하지 않는 사고를 당한 리더이자 보컬 황가구가 사망하게 되면서 시련이 찾아온다. 멤버들은 실의에 빠져 한동안 헤어나오지 못했지만 팬들의 기대를 받고 재기에 나선다. 계속 히트곡을 내며 90년대를 통과한다. 데뷔 30년이 지났지만 비욘드에 대한 팬들의 사랑은 여전하다. 99년 해체를 선언하고 각자의 길을 갔지만 멤버들 모두 꾸준히 음악계에서 활동하고 있다. 중국인들, 특히 홍콩인들의 연예인 사랑은 각별하다. 그들의 음악은 홍

콩인들의 가슴에서 계속 살아 숨쉰다. 그들이 한세대를 대표했던 아이
콘이었던 것이다. 이른바 홍콩의 80년대 청춘을 보낸 중년세대들의 정
서와 시대정신을 대변했던 록그룹이었다.

〈光輝歲月〉

　　鐘聲響起歸家的訊号　在他生命里彷佛帶点唏噓　黑色肌膚給他的意義
是一生奉獻　膚色斗爭中　年月把擁有變做失去　疲倦的双眼帶着期望　今天
只有殘留的軀殼　迎接光輝歲月　風雨中抱緊自由　一生經過彷徨的掙扎　自
信可改變未來　問誰又能做到　可否不分膚色的界限　愿這土地里　不分你我
高低　繽紛色彩閃出的美麗　是因它沒有　分開每种色彩　年月把擁有變做失
去　疲倦的双眼帶着期望　今天只有殘留的軀殼　迎接光輝歲月　風雨中抱緊
自由　一生經過彷徨的掙扎　自信可改變未來　問誰又能做到　今天只有殘留
的軀殼　迎接光輝歲月　風雨中抱緊自由　一生經過彷徨的掙扎　自信可改變
未來　問誰又能做到　喔~哦~~　啊~！　今天只有殘留的軀殼　迎接光輝歲月
風雨中抱緊自由　一生經過彷徨的掙扎　自信可改變未來　問誰又能做到
喔~哦~~　啊~！　今天只有殘留的軀殼　迎接光輝歲月　風雨中抱緊自由

　　종소리가 우리며 귀가의 신호를 알리네. 그의 일생에서 약간의 탄
식을 머금은 것 같다. 검은색의 피부가 그에게 준 의미는 일생을 피부
색 투쟁에 바친다는 것이었네. 세월은 있던 것을 모두 잃어버리게 하
지만 피곤한 두 눈에느는 희망이 있네. 오늘날 그저 노쇠한 몸이 남았
지만 빛나는 세월은 맞이하네. 온갖 고난 속에서 자유를 끌어안고 일
생동안 방황의 시간을 건너며 미래는 변할수 있다고 자신했지. 묻노니
누가 또 그렇게 할수 있을까
　　피부색의 구별을 없애는 것은 가능할까. 이 땅위에서 너와 나 신분
차이가 있어서는 안된다. 오색 찬란한 색채가 드러내는 아름다움은 그
것이 매 색채를 구분하지 않기 때문이다.

이 곡은 넬슨 만델라의 이야기를 담고 있는 곡으로 그에 대한 존

경과 경외를 느끼게 한다. 사운드 역시 그에 걸맞게 웅장하고 힘이 있다. 홍콩의 록그룹을 통해 그의 이야기를 들으니 기분이 새롭다.

■

〈海闊天空〉

今天我 寒夜里看雪飄過 怀著冷却了的心窩飄遠方 風雨里追赶 霧里分不清影踪 天空海闊你与我 可會變(誰沒在變) 多少次 迎著冷眼与嘲笑 從沒有放弃過心中的理想 一利那恍惚 若有所失的感覺 不知不覺已變淡 心里愛(誰明白我) 原諒我這一生不羈放縱愛自由 也會怕有一天會跌倒 背弃了理想誰人都可以 那會怕有一天只你共我 今天我 寒夜里看雪飄過 怀著冷却了的心窩飄遠方 風雨里追赶 霧里分不清影踪 天空海闊你与我 可會變(誰沒在變) 原諒我這一生不羈放縱愛自由 也會怕有一天會跌倒 背弃了理想誰人都可以 那會怕有一天只你共我 仍然自由自我 永遠高唱 我歌 走遍千里 原諒我這一生不羈放縱愛自由 也會怕有一天會跌倒 背弃了理想誰人都可以 那會怕有一天只你共我 背弃了理想誰人都可以 那會怕有一天只你共我　OH YEAH OH YEAH OH...... OH......

오늘 난 추운 밤 흩날리는 눈을 바라보며 차가움을 품은 채 마음은 먼 곳을 유랑하네. 비바람 속에서 쫓아가 보지만 안개 속에서 형태를 구분할 수 없네. 하늘과 바다는 무한히 광활하고 당신과 나는 아마도 변할 거야. 여러 번 차가운 시선과 조소를 접했지만 한 번도 마음 속 이상을 포기해본 적이 없지. 한 순간 어리둥절함으로 약간의 상실감을 느낄 수는 있지만 나도 모르게 사랑은 담담하게 변했네. 이 세상 방종하지 않고 자유를 사랑하는 나를 용서해주오. 아마도 어느 날에는 넘어져서 이상을 버리고 등질수도 있겠지만 언젠가는 당신과 나만이 함께 할 것이니.

더 넓은 세상을 향해 거침없이 떠나겠다는 다짐을 노래하고 있는데, 진취적인 기상과 더불어 왠지 모를 처연함이 동시에 느껴진다. 비욘드의 색깔이 잘 들어있는 곡이라 하겠다.

35

북경 록의 선구자

최건(崔健)

중국 대륙 록음악에 한 획을 그은 가수가 최건이다. 조선족이기 때문에 우리와 더욱 친숙하게 느껴지는 인물이기도 하고, 국제적으로도 꽤 알려졌기 때문에 이름은 낯설지 않지만 정작 그의 음악에 대해 말하는 이는 많지 않다. 〈一無所有〉 정도가 그나마 좀 알려졌을 것이다.

자, 1986년으로 거슬러 올라가 보자. 최건의 등장은 세계 평화의 해를 기념하는 한 공연장에서 이루어졌다. 그가 〈일무소유〉를 부르자, 무심히 앉아있던 관객들이 반응을 보이기 시작했다. 경직됐던 중국대륙의 대중 음악계에 록이 힘차게 출발하는 신호탄이었다. 남녀의 사랑과 이별이 아닌 사회 현실에 적극 발언하는 록 스프릿을 제대로 터뜨렸던 것이다. 이후 최건은 전국적 인지도를 지닌 스타가 되었고 계속해서 중국 록음악계를 개척해나가기 시작했다. 최건이 어느 날 갑자기 툭 튀어나온 것은 물론 아니다. 개혁, 개방이 본격적으로 이루어지기 시작한 80년대 초 새롭고 강렬한 음악을 갈구하던 대학가 젊은이들이 생겨나기 시작했고, 최건 역시 그러한 배경 하에서 탄생한 가수였다. 〈일무소유〉의 영향력은 1989년 천안문 사건에서 많은 젊은 이들이 그 노래를 열창했다는 것에서도 입증된다. 그의 노래가 중국 젊은이들의 가슴을 흔들었던 것

이다. 이후 최건은 당국의 요주의 인물이 되기에 이른다.

1989년 〈일무소요〉가 홍콩에서 정식 발매되면서 그의 음악은 국제적으로 알려졌고, 이어 91년과 94년도에 나온 음반들이 계속 주목을 받으면서 그 위치를 확고히 다지게 된다. 최건은 자신의 노래에 중국 전통악기를 차용하고 많은 인원을 동원하여 퍼포먼스를 펼치는 등 새로운 시도를 계속해서 선보였고 많은 화제를 모았다. 중국의 대표적인 록가수로 세계 여러 나라에 초청되어 공연을 펼쳤고 호평을 받았다. 최건은 많은 후배들에게 커다란 영향을 주었고 그의 등장 이후 대륙에서는 흑표, 당조 등 록과 메탈을 표방하는 밴드들이 대거 출연했다.

■
〈一無所有〉

我曾經問个不休　你何時跟我走 可你却總是笑我　一无所有 我要給你 我的追求　還有我的自由 可你却總是笑我　一无所有 噢...... 你何時跟

我走 噢...... 你何時跟我走 脚下的地在走 身邊的水在流 可你却總是笑我 一无所有 爲何你總笑个沒够 爲何我總要追求 難道在你面前 我永遠是一无所有 噢...... 你何時跟我走 噢...... 你何時跟我走 告訴你我等了很久 告訴你我最后的要求 我要抓起你的双手 你這就跟我走 這時你的手在顫抖 這時你的泪在流 莫非你是正在告訴我 你愛我一无所有 噢...... 你何時跟我走 噢...... 你何時跟我走 噢...... 你這就跟我走 噢...... 你這就跟我走 噢...... 你這就跟我走 噢...... 你這就跟我走 噢...... 你這就跟我走 噢...... 你這就跟我走

난 언제나 물었지. 당신은 언제쯤 나와 떠나려는지. 하지만 당신은 늘 나를 비웃었지. 아무것도 없지 않냐고. 나는 당신에게 나의 꿈과 자유를 주려고 하는데 당신은 언제나 나를 비웃어. 아무것도 없다고. 오. 당신은 언제 나와 함께 떠날는지. 발 아래의 대지는 움직이고 내 곁의 물도 흐르는데 당신은 늘 나를 보고 웃었지. 아무것도 없지 않냐고. 어째서 당신은 늘 그렇게 나를 비웃고 나는 늘 꿈을 쫓고 있는 것일까. 설마 당신에게 나는 영원히 아무것도 아닌 존재인 것일까. 나는 당신을 기다린 지 오래되었어. 내 마지막 바램은 당신의 두 손을 꼭 잡고 함께 떠나는 것이지. 지금 당신의 손은 떨리고 있고 당신은 울고 있지. 혹시 지금 아무것도 없는 나를 사랑한다고 말하고 있는 것일까.

이 노래의 어떤 부분이 그 수많은 청춘들의 마음을 움직였을까. 아마 그날 그 자리에 있었다면 그 느낌을 알 수 있겠지. 문득 북경의 친구들이 생각난다.

〈從頭再來〉

我脚踏着大地我頭頂着太陽 我裝做這世界唯我獨在 我緊閉着双眼我緊靠着墙 我裝做這肩上已沒有長腦袋 啦啦啦...... 我不愿离開 我不愿存在 我不愿活得過分實實在在 我想要离開 我想要存在 我想要死去之后從頭再來 我不愿离開 我不愿存在 我不愿活得過分實實在在 我想要离

開 我想要存在 我想要死去之后從頭再來 那烟盒中的云彩那酒杯中的大
海 統統裝進我空空的胸怀 我越來越會胡說我越來越會沉默 我越來越會
裝做我什么都不明白 啦啦啦…… 我難以离開 我難以存在 我難以活得
過分實實在在 我想要离開 我想要存在 我想要死去之后從頭再來 我難
以离開 我難以存在 我難以活得過分實實在在 我想要离開 我想要存在
我想要死去之后從頭再來 看看前后左右看看男女老少 看看我那到了頭
的金光大道 感覺不到心跳感覺不到害臊 感覺不到自己想還是不想知道
啦啦啦…… 我不愿离開 我不愿存在 我不愿活得過分實實在在 我想要离
開 我想要存在 我想要死去之后從頭再來 我不愿离開 我不愿存在 我不
愿活得過分實實在在 我想要离開 我想要存在 我想要死去之后從頭再來
我不愿离開 我不愿存在 我不愿活得過分實實在在 我想要离開 我想要存
在 我想要死去之后從頭再來 我不愿离開 我不愿存在 我不愿活得過分
實實在在 我想要离開 我想要存在 我想要死去之后從頭再來

나는 대지에 발을 딛고 고개는 태양을 바라보네. 나는 이 세상에 나
혼자 있는 척 하지. 나는 눈을 감고 벽에 기대네. 이 어깨 위엔 이미
머리가 없는 척 하지. 나는 떠나고 싶지 않고 머물고 싶지 않아. 나는
지나치게 심각하게 살고 싶지 않아. 나는 떠나고 싶고 또 머물고 싶
어. 나는 죽었다가 다시 처음부터 시작하고 싶어. 저 재떨이 속의 구
름, 저 술잔 속의 바다, 모두 다 내 빈 가슴에 넣고 싶네. 나는 점점 더
헛소리를 떠들고 점점 더 침묵하네. 나는 점점 더 아무것도 모르는 척
하네. 나는 떠나기가 어렵고 머물기도 어려워. 나는 지나치게 심각하
게 살기도 어려워. 전후좌우를 좀 봐. 남녀노소를 좀 보라고. 내가 도
착한 금광대도를 좀 보라고. 마음이 뛰는 걸 느낄 수 없어. 창피한 것
을 느낄 수 없어. 내가 알고 싶은 건지 모르고 싶은지 느낄 수 없네.
라라라.

살다보면 뭐가 맞는지 틀리는지 의심이 들 때도 있고 나 자신이 싫
어져 처음부터 다시 시작하고 싶은 열망이 들 때도 있다. 최건의 노래
답다는 생각이 든다.

36

대륙 록의 자존심

흑표(黑豹)

그룹 비욘드가 홍콩 록의 자부심이라면, 흑표는 이른
바 대륙 록의 자존심이다. 최건이 닦아놓은 기반 위에서 록그룹 흑
표는 힘차게 출발한다. 1988년 결성되어 1991년 심천 현대음악제에 참
가하여 존재를 알렸고 그해 홍콩, 대만에서 앨범 〈흑표〉를 발표하여
인기를 끌었다. 이듬해 중국 대륙에서도 동일 앨범이 정식으로 발행되
어 150만장의 판매고를 기록하며 대륙의 대표적인 록그룹으로 부상한
다. 이후 흑표의 지명도는 국제적으로 알려지며 주목을 받았다. 현재
까지 구성원이 바뀌고 부침을 거듭하면서도 꾸준히 활동하고 있다. 흑
표의 음악은 강하되 거칠지 않은 특징을 가지고 있다. 높은 이상이나
독특함을 추구하지 않고 일상의 소소한 생활, 감정을 소재로 삼는 통
속적인 음악으로 대중들에게 다가갔다.

대표곡으로는 〈无地自容〉, 〈Don't Break My Heart〉, 〈光芒之神〉,
〈海市蜃樓〉, 〈同在一片天空下〉, 〈天外有天〉 등이 있다.

〈无地自容〉

人潮人海中 有你有我 相遇相識相互琢磨 人潮人海中 是你是我 裝作
正派面帶笑容 不必過份多說 自已淸楚 你我到底想要作些什么 不必在乎
許多 更不必難過 終究有一天你會明白我 人潮人海中 又看到你 一樣迷
人一樣美麗 慢慢的放松 慢慢的抛弃 同樣仍是幷不在意 你不必過份多說
你自已淸楚 你我到底想要作些什么 不必在乎許多 更不必難過 終究有一
天你會离開我 人潮人海中 又看到你 一樣迷人一樣美麗 慢慢的放松 慢
慢的抛弃 同樣仍是幷不在意 不必過份多說 自已淸楚 你我到底想要作些
什么 不必在乎許多 更不必難過 終究有一天你會明白我 不再相信 相信
什么道理 人們已是如此冷漠 不再回憶 回憶什么過去 現在不是從前的我
曾感到過寂寞 也曾被別人冷落 却從未有感覺 我无地自容 人潮人海中
又看到你 一樣迷人一樣美麗 慢慢的放松 慢慢的抛弃 同樣仍是幷不在意
不必過份多說 自已淸楚 你我到底想要作些什么 不必在乎許多 更不必難
過 終究有一天你會明白我 不再相信 相信什么道理 人們已是如此冷漠
我不再回憶 回憶什么過去 現在不是從前的我 曾感到過寂寞 也曾被別人
冷落 却從未有感覺 我无地自容 不再相信 相信什么道理 我不再相信 不
再回憶 回憶什么過去 現在不是從前的我 不再相信 相信什么道理 我不
再相信 不再回憶 回憶什么過去 現在不是從前的我

인산인해 속에 당신과 내가 있어. 만날 때마다 서로의 약점을 들추
지. 인산인해 속에 당신과 내가 있어. 시치미 뚝 떼고 서로 웃고 있지.
호들갑 떨 필요 없어. 우리가 무엇을 하고 싶은지 스스로 똑똑히 알
고 있으니. 집착할 필요 없어. 괴로워할 필요도 없어. 결국 언젠가는
깨닫게 될 테니. 인산인해 속에서 당신을 다시 보았지. 여전히 매력적
이고 아름다웠어. 천천히 마음을 비우며 포기해 가고 있어. 언제가 그
랬듯 개의치 않을거야. 다시는 믿지 않을 거야 무슨 도리를 지키는가.
사람들은 이렇게 싸늘하게 대하는데. 다시는 떠올리지 않겠어. 과거를
떠올릴 필요가 뭐 있겠어. 지금 나는 예전의 내가 아니야. 서러움도
느꼈고 무시도 당했지. 하지만 난 지금까지 부끄럽다는 마음이 든 적
이 없어.

흑표의 음악을 널리 알린 곡으로 그들의 색깔을 잘 대변하고 있다. 강렬한 사운드와 툭툭 던지는 가사 속에 다양한 감정이 실려 나온다. 들어보시라. 대륙 록의 진수를 느낄 수 있을 것이다.

〈Don't Break My Heart〉

也許是我不懂的事太多 也許是我的錯 也許一切已是慢慢的錯過 也許不必再說　從未想過你我會這樣結束 心中沒有把握 只是記得你我彼此的承諾 一次次的冲動 Don't Break My Heart 再次溫柔 不愿看到你那保持的沉默 獨自等待 默默承受 喜悅總是出現在我夢中　也許是我不懂的事太多 也許是我的錯 也許一切已是慢慢的錯過 也許不必再說　從未想過你我會這樣結束 心境如此難過 總是記得你我彼此的承諾 一次次的冲動 Don't Break My Heart 再次溫柔 不愿看到你那保持的沉默 獨自等待 默默承受 喜悅總是出現在我夢中 你所擁有的是你的身体 誘人的美麗 我所擁有的是我的記憶 美妙的感覺 Mybaby Don't Break My Heart 再次溫

柔 不願看到你那保持的沉默 獨自等待 默默承受 喜悅總是出現在我夢中
Don't Break My Heart 再次溫柔 不願看到你那保持的沉默 獨自等待 默
默承受 喜悅總是出現在我夢中 Don't Break My Heart 再次溫柔 不願看
到你那保持的沉默 獨自等待 默默承受 喜悅總是出現在我夢中 Don't
Break My Heart 再次溫柔 不願看到你那保持的沉默 獨自等待 默默承受
喜悅總是出現在我夢中 Don't Break My Heart……

　　어쩌면 내가 모르는 게 너무 많아서인지도 몰라. 아마도 내 잘못이
겠지. 모든 것들이 이미 서서히 잘못되어 가고 있었나봐. 당신과 내가
이렇게 끝날 줄은 몰랐다고 말할 필요는 없겠지. 생각하지 못했어. 그
저 머릿속에 우리가 허락했던 충동들을 기억할 뿐이야. 내 마음을 찢
어놓지 마. 다시 부드럽게 다가와주길. 당신의 침묵을 바라지 않아.
난 혼자 기다리네. 조용히 받아들이고 있지. 꿈속에서야 기쁨을 느낄
수 잇다는 것을.
　　당신의 아름답고 매력적인 모습. 내 기억 속에 미묘한 느낌으로 남
아있네.

　　역시 많은 이들이 좋아하는 곡이다. 보컬 두유의 시원한 보이스가
매력적으로 다가오는 노래다.

37

대만 최고의 록밴드

오월천(五月天)

홍콩에 비욘드, 대륙에 흑표가 있다면, 대만에는 막강한 인기를 구가하는 최고의 록밴드 오월천이 있다. 5명으로 구성되었고 1997년에 결성되어 오늘에 이르고 있다. 모든 곡들을 스스로 작사, 작곡하며 많은 히트곡을 보유하고 있다. 구름 관중을 몰고 다니며 대만을 넘어 전 중화권과 일본, 싱가폴 등에도 널리 알려져 있다. 거의 모든 멤버가 고등학교 동창으로 일찍부터 밴드활동을 하며 손발을 맞춘 친구사이로 유명하며 끈끈한 우정을 자랑한다. 그래서 그런지 노래에도 종종 학창시절 이야기가 녹아들어 있다. 오월천의 노래는 대체적으로 현실에 대한 긍정적 시선과 이상, 인생에 대해 이야기 한다. 빠른 비트의 록과 발라드를 모두 소화하며 대중성을 인정받았다. 또한 그들의 노래는 숱한 드라마와 영화에도 삽입되어 그 영향력을 더욱 키우고 있다.

〈倔强〉

当 我和世界不一样 那就讓我不一样 堅持對我來說 就是以剛克剛 我

173

如果對自己妥協 如果對自己說謊 即使別人原諒 我也不能原諒 最美的愿望 一定最瘋狂 我就是我自己的神 在我活的地方 我和我最后的倔強 握緊双手絶對不放 下一站是不是天堂 就算失望不能絶望 我和我驕傲的倔強 我在風中大聲地唱 這一次爲自己瘋狂 就這一次 我和我的倔強 對愛我的人別緊張 我的固執很善良 我的手越骯臟 眼神越是發光 你 不在乎我的過往 看到了我的翅膀 你說被火燒過 才能出現鳳凰 逆風的方向 更适合飛翔 我不怕千万人阻擋 只怕自己投降 我和我最后的倔強 握緊双手絶對不放 下一站是不是天堂 就算失望不能絶望 我和我驕傲的倔強 我在風中大聲地唱 這一次爲自己瘋狂 就這一次 我和我的倔強 我和我最后的倔強 握緊双手絶對不放 下一站是不是天堂 就算失望不能絶望 我和我驕傲的倔強 我在風中大聲地唱 這一次爲自己瘋狂 就這一次 我和我的倔強 就這一次 讓我大聲唱 啦啦啦 就算失望 不能絶望 啦啦啦 就這一次 我和我的倔強

세상과 내가 다르다 한다면 그냥 날 다른 채로 두겠어. 내가 고집해 온 것은 강함으로 강함을 이기는 것. 만약 내가 스스로 타협하거나 스스로에게 거짓말을 한다면 남들이 용서한다 해도 내가 용서하지 못해. 가장 아름다운 소원은 가장 미쳐보는 거지. 내가 바로 신이지. 내가 사는 이곳에서. 나와 나의 마지막 의지, 꼭 잡은 두 손을 절대로 놓지 않는 것, 다음 역은 천국일까. 실망스러워도 절망하지 않겠어. 나와 나의 자랑스러운 의지, 바람 속에서 큰 소리로 노래하겠어. 이번엔 나를 위해 미칠 거야. 이번엔 나와 내 의지를 위해서. 날 사랑하는 이여. 걱정하지 마. 내 고집은 선한 것이니. 당신은 내 과거에 아랑곳 하지 않고 내 날개를 봐주었지. 불에 타야 비로소 봉황이 되는 것이라 말했지. 역풍이 부는 곳이 비상하기에 더욱 좋지. 난 천만명의 반대가 두렵지 않아. 단지 스스로의 투항이 두려울 뿐. 이번엔 나를 위해 미칠 거야. 실망스러워도 절망하지 않겠어. 이번엔 나와 내 의지를 위해.

마치 자신들의 이야기를 하듯, 강렬하고 절절한 가사가 인상적이다. 음악으로 자신들의 세계를 구축해가는 젊은 청년들의 패기가 느껴지는 곡이다.

〈人生海海〉

有一天　我在想　我到底算是个什么東西　還是我　會不會　根本就不算東西　天天都漫无目的　偏偏又想要証明眞理　別人從屁股放屁　我却每天每天都說要革命　就算是整个世界　把我抛弃　而至少快樂傷心我自己決定　所以我說　就讓他去　我知道潮落之后一定有潮起　有什么了不起　常常我豁出去　拼了命　走過却沒有痕迹　可是我　從不怕　挖出我火熱的心　手上有一个硬幣　反面就決定放弃　嗝屁　但是啊在我心底　却完完全全不想放弃　就算是整个世界　把我抛弃　而至少快樂傷心我自己決定　所以我說　就讓他去　我知道潮落之后一定有潮起　有什么了不起　常常我閉上眼睛　听到了海的呼吸是你　溫柔的藍色潮汐　告訴我沒有關系　就算眞的　整个世界把我抛弃　而至少快樂傷心我自己決定　所以我說　就讓他去　我知道潮落之后一定有潮起　我不能忘記　无論是　我的明天　要去哪里　而至少快樂傷心我自己決定　所以我說　就讓他去　我知道潮落之后一定有潮起　有什么了不起　啦啦啦　啦啦啦

　어느 날 나는 내가 누구인지 생각하고 있을 거야. 혹은 난 근본적으로 희망이 있는지 없는지에 대해. 매일 매일 아무 목적 없이 오직 진리만을 증명하려 하네. 다른 이들은 쓸데없는 소리들을 하고 있고 나는 도리어 매일 혁명을 이야기 하고 있네. 모든 세상이 날 버렸지만 최소한 기쁨과 슬픔은 내 스스로가 결정하지. 다 보내버려. 썰물이 지난 뒤엔 밀물이 있다는 알지. 뭐가 대단할 게 있어. 항상 나는 필사적으로 모든 것을 걸고 나아가지만 흔적은 남지 않아. 하지만 난 내 마음속 뜨거운 열정을 꺼내는 것과 모든 것이 사라지는 것을 두려워 한 적은 없었어. 모든 걸 버린다고 결정했다고 해도 내 마음 속 깊은 곳에서는 전혀 포기한다고 생각하지 않아. 나는 항상 눈을 감고 바다의 호흡, 당신을 듣고 느끼지. 부드러운 푸른 빛 조석은 나에게 괜찮다고 전해주지.

오월천의 대표곡으로 꼽을 만한 곡이다. 자신들의 음악세계를 탄탄히 구축해가던 시기에 나왔던 히트곡이며 동시에 그들의 성향과 색깔을 잘 대변해주는 노래라고 할 수 있다.

38

신인류의 출현

쾌자형제(筷子兄弟)

조금 색다른 형식으로 현재 중국 전역에서 많은 인기를 끌고 있는 2인조 그룹이 있는데, 이름도 독특한 쾌자형제다. 우리말로 하면 일명 젓가락 형제다. 소영, 왕태리 두 사람은 미니 영화를 만들어 인터넷에 올리고 동시에 스토리에 잘 어우러지는 노래를 삽입하여 사람들을 감동시키면서 폭발적인 인기를 끌었다. 그들이 부른 〈老男孩〉, 〈父親〉이란 노래는 많은 이들의 공감대를 얻으며 기존의 가수들과는 다른 새로운 영역을 개척해나가고 있다.

〈노남해〉는 올드 보이들의 애잔한 일상과 꿈을 이야기하고 있는 노래다. 영화의 내용은 이렇다. 어린 시절 음악을 꿈꾸던 소년들이 중년이 된 지금은 이발사와 웨딩업체 직원으로 살고 있다. 그러나 아직까지 버리지 않은 꿈을 위해 그들은 오디션 프로에 참가하지만, 결국 낙선하여 다시 일상으로 돌아가는 내용을 담고 있다. 〈부친〉이란 노래 역시 자식을 위해 헌신한 아버지를 이야기 한다. 쾌자형제는 누구나 공감할 수 있는 가사와 뛰어난 멜로디, 그리고 그것을 잘 구현한 이야기를 결합시켜 많은 이들의 사랑을 받고 있다.

쾌자 형제의 노래는 각박한 현대사회를 돌아보게 하고 앞만 보고 달리는 현대인들의 감성을 건드리는데 성공했다. 앞으로의 활약이 더욱 기대되는 그룹이다.

〈父親〉

總是向你索取 却不曾說謝謝你 直到長大以后 才懂得你不容易 每次离開總是 裝做輕松的樣子 微笑着說回去吧 轉身泪濕眼底 多想和從前一樣 牽你溫暖手掌

可是你不在我身旁 托清風捎去安康 時光時光慢些吧 不要再讓你再變老了 我愿用我一切 換你歲月長留 一生要强的爸爸 我能爲你做些什么 微不足道的關心收下吧 謝謝你做的一切 双手撑起我們的家 總是竭盡所有 把最好的給我 我是你的驕傲嗎 還在爲我而担心嗎 你牽挂的孩子啊 長大啦 多想和從前一樣 牽你溫暖手掌 可是你不在我身旁 托清風捎去安康 時光時光慢些吧 不要再讓你再變老了 我愿用我一切 換你歲月長留 一生要强的爸爸 我能爲你做些什么 微不足道的關心收下吧 謝謝你做的一切 双手撑起我們的家 總是竭盡所有 把最好的給我

我是你的驕傲嗎 還在爲我而担心嗎 你牽挂的孩子啊 長大啦 時光時光慢些吧 不要再讓你再變老了 我愿用我一切 換你歲月長留 我是你的驕傲嗎 還在爲我而担心嗎 你牽挂的孩子啊 長大啦

늘 당신에게 요구만 했지 고맙다 말하지 못했고 어른이 된 뒤에야 당신이 힘든 줄 알았죠. 매번 헤어질때마다 괜찮은 척 하며 미소로 배웅을 했지만 돌아서면 눈물을 훔쳤죠. 예전처럼 당신의 따뜻한 손을 잡고 싶지만 당신은 제 곁에 없으니 바람결에 안부를 물어요. 시간아 시간아 천천히 흘러다오. 아버지가 더 이상 늙지 않도록. 내 모든 것을 바꿔서 당신의 세월을 길게 붙잡고 싶어요. 평생 강해야 했던 아버지, 나는 당신을 위해 무엇을 할 수 있을까요. 너무나 작은 제 관심을

받아주세요. 당신이 한 모든 일에 감사해요. 두손으로 우리 집을 지탱
하셨고 언제나 최선을 다해 가장 좋은 것을 저에게 주셨죠. 저는 당신
의 자랑이었나요. 아니면 걱정이었나요. 당신이 손 잡아주던 아이가
이제 다 컸어요. 인생에 당신이 있어 감사해요.

수업시간에 중국 학생이
이 노래를 소개하고 부른 적
이 있다. 집 떠나 유학 와 살
다보니 아버지에 대한 그리
움이 새삼 컸던 것 같다. 우
리 시대의 아버지들은 어떤
가. 너무 소외되어 있는 것
같다.

〈老男孩〉

　　那是我日夜思念深深愛着的人吶 到底我該如何表達 她會接受我嗎 也
許永遠都不會跟他說出那句話 注定我要浪迹天涯 怎么能有牽挂 夢想總
是遙不可及 是不是應該放弃 花開花落又是雨季 春天啊你在哪里 青春如
同奔流的江河 一去不回來不及道別 只剩下麻木的我沒有了當年的熱血
看那漫天飄零的花朵 在最美麗的時刻凋謝 有誰會記得這世界她來過 轉
眼過去多年時間多少离合悲歡 曾經志在四方少年羡慕南飛的燕 各自奔
前程的身影匆匆漸行漸遠 未來在哪里平凡啊誰給我答案 那時陪伴我的
人啊你們如今在何方 我曾經愛過的人啊現在是什么模樣
　　当初的愿望實現了嗎 事到如今只好祭奠嗎 任歲月風干理想再也找不
回眞的我 抬頭仰望着滿天星河 那時候陪伴我的那顆 這里的故事你是否
還記得 生活像一把无情刻刀 改變了我們模樣 未曾綻放就要枯萎嗎 我有
過夢想 青春如同奔流的江河 一去不回來不及道別 只剩下麻木的我沒有

179

了当年的熱血 看那滿天飄零的花朵 在最美麗的時刻凋謝 有誰會記得這
世界它曾經來過 当初的愿望實現了嗎

　　事到如今只好祭奠嗎 任歲月風干理想再也找不回眞的我 抬頭仰望着
滿天星河

　　那時候陪伴我的那顆 這里的故事你是否還記得 如果有明天祝福你親
愛的

　　낮이고 밤이고 내가 사랑하는 사람을 생각했지. 도대체 어떻게 표
현해야 하나. 그녀가 날 받아줄수 있을까. 아마 난 영원히 그녀에게
그 말을 할수 없을거야. 내가 멀리 유랑가는 건 정해졌는데 어떻게 걱
정할수 있겠어. 꿈은 늘 너무 멀어 닿을수 없고 포기해야 하는건가.
꽃이 피고 지면 또 한 계절인데 봄아 넌 어디있니. 청춘은 세차게 흐
르는 강물같은데 한번가면 돌아오지 않아 인사를 할수도 없네. 둔함만
남은 나는 그 시절의 뜨거운 피가 없는데 저 온하늘에 흩날리는 꽃을
봐. 가장 아름다운 시기에 지네. 그녀가 이세계에 왔었다는 걸 누군가
는 기억할까. 눈 깜짝할 새 많은 시간과 희노애락이 스쳐가는데 일찍
이 원대한 포부를 가졌던 소년은 남쪽으로 나는 기러기를 부러워하고
각자의 미래를 향해 달리는 그림자는 갈수록 멀어지네. 평범함은 미래
의 어디에 있을까. 누가 나에게 답을 줄까. 그때 나와 함께 했던 이들
아. 지금은 어떤 모습이니. 당시의 소원은 이루어졌니. 지금에 이르러
서는 그저 추모할 수밖에 없을까. 세월의 풍파에 밀려 본래의 나를 찾
을수 없네. 고개를 들어 온 하늘의 은하수를 봐. 그때 나와 함께 한
별. 그 속의 이야기를 아직도 기억하니. 생활은 한자루의 무정한 칼처
럼 우리의 모습을 바꿔버렸지. 아직 한번도 피지 못했는데 시들려고
하니. 난 꿈이 있었어. 만약 내일이 있다면 사랑하는 너를 축복해줄게.

　가사의 의미가 가슴속에 스며들어 나를 돌아보게 한다. 지나간 청
춘, 아직 제대로 해보지도 못한 것 같은데 벌써 중년에 접어들어 정신
없이 바쁘게 살아가는 우리들의 모습, 아 쓸쓸하다. 꿈, 청춘, 사랑, 모
든 게 아득하게 느껴진다. 이 친구들 노래를 듣다보니 저 80년대 나대
우의 노래들이 연상된다.

39

최고의 듀엣

우천(羽泉)

지난 봄 중국에서 방영되어 큰 화제를 모았던 〈我是歌手 (나는 가수다)〉의 우승은 남성듀엣 우천이었다. 그룹의 이름은 진우범 과 호해천의 이름에서 각각 한 글자를 따서 지었다. 대륙출신으로 현 재 가장 인기 있는 남성 듀오라고 할 수 있다. 1998년도에 결성되어 15 년 동안 꾸준히 활동하고 있다.

데뷔앨범 〈最美〉로 뛰어난 음악성을 보여 주며 단숨에 인기를 얻 었고 현재까지 12장의 정규앨범을 발매했으며 누적판매량 1000만장을 기록 중이다. 작사, 작 곡을 겸하는 발군의 음 악성, 절묘한 화음으로

많은 인기를 누리고 있다.

〈最美〉

Baby 爲了這次約會 昨夜我无法安然入睡 准備了十二朵玫瑰 每一朵都像你那樣美 你的美无聲无息 不知不覺讓我追隨 Baby 這次動了情 彷徨失措我不后悔 你在我眼中是最美 每一个微笑都讓我沉醉 你的坏 你的好 你發脾气時撅起的嘴 你在我心中是最美 只有相愛的人最能体會 你明了 我明了 這种美妙的滋味 Baby 記得那次約會 那夜我想你想得无法入睡 送你的十二朵玫瑰 是否還留有那愛的香味 你的美无聲无息 不知不覺讓我追隨 Baby 這次動了情 彷徨失措我不后悔 你在我眼中是最美 每一个微笑都讓我沉醉 你的坏 你的好 你發脾气時撅起的嘴 你在我心中是最美 只有相愛的人最能体會 你明了 我明了 這种美妙的滋味 走在街中人們都在看我 羡慕我的身旁有你依偎 陷入愛情中我不知疲憊 爲了伴你左右与你相隨 你在我眼中是最美 每一个微笑都讓我沉醉 你的坏 你的好 你發脾气時撅起的嘴 你在我心中是最美 只有相愛的人最能体會 你明了 我明了 這种美妙的 這种美妙的滋味

베이비 이번에 만날 약속 때문에 어제밤 잠을 제대로 잘수 없었죠. 열두송이 장미를 준비했어요. 한송이 한송이 모두 그대처럼 아름다워요. 당신의 아름다움은 소리도 기척도 없이 미처 깨닫지 못하는 사이 나를 사로잡았죠. 베이비 이렇게 다가온 사랑. 망설이며 헤맸던 지난 날을 후회하지 않아요. 나의 눈에 당신은 가장 아름다워요. 그대가 웃을 때마다 난 깊이 빠져들죠. 그대의 품, 그대의 따스함 그대가 짜증낼 때 삐쭉대는 입술마저도. 내 맘 속에 그대는 가장 아름다워요. 서로 사랑하는 이들만이 느낄 수 있죠. 그대도 나도 알죠. 이 미묘한 느낌을. 베이비 다음 약속을 기억하나요. 오늘밤 난 그리움에 잠들 수 없어요. 그대에게 주었던 열두송이 장미. 아직도 사랑스런 향기가 남아있나요. 길가는 이들이 모두 날 쳐다봐요. 그대가 내 품에 기대는 걸 부러워 하나봐요. 사랑에 빠진 난 지칠 줄 모르죠. 그대 곁에서 그대와 함께 한다면 말이죠.

15억의 노래 - 제1부 중국대중음악의 별들

사랑에 막 빠진 청춘의 설레임을 표현한 노래다. 경쾌하면서도 낭만적인 멜로디와 아기자기한 가사가 좋다. 누구나 그런 시절이 있었다. 노래를 들으며 그때를 한번 회상해 보시길.

速度七十邁 心情是自由自在 希望終点是愛琴海 全力奔跑 夢在彼岸 我們想漫游世界 看奇迹就在眼前 等待夕陽染紅了天 肩幷着肩 許下心愿 隨風奔跑自由是方向 追逐雷和閃電的力量 把浩瀚的海洋裝進我胸膛 即使再小的帆也能遠航 隨風飛翔有夢作翅膀 敢愛敢做勇敢闖一闖 哪怕遇見再大的風險再大的浪 也會有默契的目光 速度七十邁 心情是自由自在 希望終点是愛琴海 全力奔跑 夢在彼岸 我們想漫游世界 看奇迹就在眼前 等待夕陽染紅了天 肩幷着肩 許下心愿 隨風奔跑自由是方向 追逐雷和閃電的力量 把浩瀚的海洋裝進我胸膛 即使再小的帆也能遠航 隨風飛翔有夢作翅膀 敢愛敢做勇敢闖一闖 哪怕遇見再大的風險再大的浪 也會有默契的目光 隨風奔跑自由是方向 追逐雷和閃電的力量 把浩瀚的海洋裝進我胸膛 即使再小的帆也能遠航 隨風飛翔有夢作翅膀 敢愛敢做勇敢闖一闖 哪怕遇見再大的風險再大的浪 也會有默契的目光 我們想漫游世界 看奇迹就在眼前 等待夕陽染紅了天 肩幷着肩 許下心愿

속도는 70마일, 마음은 자유자재, 희망의 끝은 금해를 사랑하는 것. 전력으로 뛰어 가는거야. 꿈은 피안에 있네. 우리들은 세계를 주유하고 싶네. 기적이 눈앞에 보이고 석양이 붉게 물들어갈 때 어깨를 펴고 소원을 빌어. 바람을 따라 자유롭게 달리고 우뢰와 번개의 힘을 쫓지. 저 힘찬 바다를 나의 가슴에 묻고 작은 배를 멀리 항해하게 하지. 바람이 비상하는 것을 따라 꿈도 날개를 달고 사랑도 용감하게 경험해 보는 거야. 설령 더 큰 위험과 풍랑을 만나도 협력의 빛이 있을거야.

청춘의 패기와 용기, 그리고 꿈을 향해 달리는 희망을 노래하고 있다. 세상이 아무리 각박하고 힘들어도 청춘은 달릴 것이다.

제2부

베스트 영화음악 19선

사실 한국에 대중적으로 잘 알려진 중국노래들은 대개 영화 주제가나 삽입곡인 경우가 많다. 시기적으로 멀게는 70년대부터 최근에 이르기까지 인기를 끌었던 수많은 중국영화들, 그 속에는 그것을 더욱 생동감 있게 만든 여러 노래들이 있다. 이 노래들을 들으면 즉각적으로 영화가 떠오르고 한참 중국영화, 중국노래를 많이 듣던 청춘의 한 때가 떠오른다. 영화에 실린 많은 노래들 중 19곡을 선별해 소개한다.

주윤발, 장애가 주연의 가슴 아픈 사랑이야기 〈우견아
랑〉의 삽입곡이다. 나대우가 불렀다. 잠시의 행복한 장면에서 나오는
이 노래는 경쾌하지만 그럼에도 무언가 애잔한 느낌을 준다. 나대우
노래의 특징이기도 하다.

烏溜溜的黑眼珠和你的笑臉　怎么也難忘記你容顏的轉變　輕飄飄的旧
時光就這么溜走　轉頭回去看看時已匆匆數年　蒼茫茫的天涯路是你的飄

泊 尋尋覓覓長相守是我的脚步 黑漆漆的孤枕邊是你的溫柔 醒來時的清
晨里是我的哀愁 或許明日太陽西下倦鳥已歸時 你將已經踏上旧時的歸
途 人生難得再次尋覓相知的伴侶 生命終究難舍藍藍的白云天 轟隆隆的
雷雨聲在我的窗前 怎么也難忘記你离去的轉變 孤單單的身影后寂寥的
心情 永遠无怨的是我的双眼 蒼茫茫的天涯路是你的飄泊 尋尋覓覓長相
守是我的脚步 黑漆漆的孤枕邊是你的溫柔 醒來時的清晨里是我的哀愁
或許明日太陽西下倦鳥已歸時 你將已經踏上旧時的歸途 人生難得再次
尋覓相知的伴侶 生命終究難舍藍藍的白云天 轟隆隆的雷雨聲在我的窗
前 怎么也難忘記你离去的轉變 孤單單的身影后寂寥的心情 永遠无怨的
是我的双眼 永遠无怨的是我的双眼

　　새카맣고 또렷한 검은 눈동자와 그대의 웃는 얼굴 아무래도 그대의
모습이 변한 것을 잊기 어렵네. 희미한 옛 기간은 이렇게 흘러가고 뒤
돌아보니 시간은 이미 빠르게 흘러갔네. 망망한 하늘가는 당신의 방랑
길 찾고 찾아서 오래 간직한 것은 내 발자국, 칠흑같은 독방엔 그대의
따스함이 있네. 잠에서 깨어나 새벽은 슬픔이네. 아마도 내일 태양이
서녘으로 지고 지친 새가 돌아갈때쯤 그대는 예전으로 돌아오고 있겠
죠. 인생에서 마음에 맞는 짝을 다시 만나기는 어려워라. 생명이란 결
국 푸른 빛 구름의 하늘을 떨쳐내기 어려운 법 우르릉 천둥 소리 내
창가에 들리고 어떻게 해도 당신이 떠나간 것을 잊기 어렵네. 외로운
그림자 뒤에는 쓸쓸한 마음이 들지만 영원히 원망하지 않는 것은 나
의 두 눈이려니

2

甛蜜蜜

진가신 감독, 여명, 장만옥 주연의 멜로영화 〈첨밀밀〉을 좋아하는 이들이 정말 많다. 영화를 통해 동명의 노래도 많이 알려졌고 노래를 부른 가수 등려군도 우리나라에 본격적으로 알려지게 되었다. 노래는 극중 여명과 장만옥을 이어주는 매개이기도 했다. 이 노래는 등려군을 비롯해 수많은 가수들이 자주 부르는데, 영화의 주인공인 여명의 버전도 좋다.

甛蜜蜜你笑得甛蜜蜜 好像花儿開在春風里 開在春風里 在哪里在哪里
見過你 你的笑容這樣熟悉 我一時想不起 啊~~在夢里 夢里夢里見過你
甛蜜笑得多甛蜜 是你~是你~夢見的就是你 在哪里在哪里見過你 你的笑
容這樣熟悉 我一時想不起 啊~~在夢里 在哪里在哪里見過你 你的笑容
這樣熟悉 我一時想不起 啊~~在夢里 夢里夢里見過你 甛蜜笑得多甛蜜
是你~是你~夢見的就是你 在哪里在哪里見過你 你的笑容這樣熟悉 我一
時想不起 啊~~在夢里

달콤해요 당신의 미소가 달콤해요 마치 봄바람 속에서 꽃이 피는
것처럼 봄바람 속에서 꽃이 피는 것처럼 어디서 어디서 당신을 보았
을까요 당신의 미소가 이렇게 낯익은데 잠깐 생각이 나지 않았지만
아~ 꿈속에서 꿈속에서 보았네요 부드러운 미소가 너무나도 달콤했지
요. 당신이군요. 당신이군요 꿈속에서 본 당신이군요 어디서 어디서
당신을 보았지요 당신의 미소가 이렇게 낯익은데 잠깐 생각이 나지
않았지만 아~ 꿈속에서군요

3
夢中人

　　홍콩의 스타일리스트 왕가위 감독의 영화 〈중경삼림〉
에 삽입된 곡으로, 극중 주인공의 한 사람인 왕비가 부른 곡이다. 왕비
의 독특하고도 묘한 매력의 음성은 영화를 더욱 분위기 있게 채색한
다. 이곡은 원래 영국의 밴드 크린베리스의 〈Dreams〉란 노래를 번안
한 곡이다.

　　夢中人一分鐘抱緊接十分鐘的吻陌生人怎樣走進內心制造這次興奮我
仿似跟你熱戀過和你未似現在這樣近思想開始過份爲何突然襲擊我來進
入我悶透夢窩激起一股震撼　夢中人多麼想變眞我在心里不禁夢中嬌　這
分鐘我在等你万分鐘的吻我仿似跟你熱戀過和你未似現在這樣近思想開

始過份爲何突然襲擊我來進入我悶透夢窩激起一股震撼夢中尋一分鐘抱
緊我在心里不禁夢中人這分鐘我在等來制造心里興奮心興奮

　　꿈속의 그대. 1분의 포옹. 10분의 입맞춤. 낯선 그대. 어떻게 내 마음속으로
　　걸어 들어와 이러한 흥분을 만드나요 나는 당신과 열애를 했던 적이 있었던 것 같고 당신과 지금처럼 가까왔던 적이 없었던 것 같아요 생각이 지나쳐지기 시작하고 어째서 돌연히 나를 습격하는가요? 나의 답답한 꿈속으로 들어와 한 바탕의 요동을 일으키네 꿈속의 그대, 얼마나 그렇게 실현되었으면 하는지..) 내 마음속에서 그 생각을 금할 수가 없어요 꿈속에서 찾아다녀요. 나는 이 순간을 기다려요. 당신의 만분의 키스를. 꿈속에서 찾아다녀요. 일분의 포옹을. 마음속에서 생각을 그칠 수 없어요. 꿈속의 그대 난 이 순간을 기다려요. 내 마음속의 떨림을 만들어주길.

4

月亮代表我的心

중화권의 많은 가수가 즐겨 부르는 노래로 그 중 등려군이 부른 것이 가장 유명하다. 천상의 목소리라는 호칭처럼 등려군이 부르는 이 노래는 가슴 깊숙이 스며든다. 여러 영화에 삽입된 것으로 아는데, 나는 〈화기소림〉을 기억한다.

你問我愛你有多深 我愛你有幾分 我的情也眞 我的愛也眞 月亮代表我的心 你問我愛你有多深 我愛你有幾分 我的情不移 我的愛不變 月亮

代表我的心 輕輕的一个吻 已經打動我的心 深深的一段情 敎我思念到如今 你問我愛你有多深 我愛你有几分 你去想一想 你去看一看 月亮代表我的心 輕輕的一个吻 已經打動我的心 深深的一段情 敎我思念到如今 你問我愛你有多深 我愛你有几分 你去想一想 你去看一看 月亮代表我的心 你去想一想 你去看一看 月亮代表我的心

　당신은 내게 얼마나 당신을 사랑하는지 물었죠. 내 감정은 진실되고 내 사랑도 역시 진실하죠. 달빛이 내 마음을 대신합니다. 당신은 내게 얼마나 당신을 사랑하는지 물었죠. 내 감정은 변치 않고 내 사랑도 변치 않아요. 달빛이 내 맘을 대신하죠. 가벼운 입맞춤은 이미 내 마음을 움직였고 깊은 사랑은 지금까지도 당신을 그리워하게 하네요. 당신은 내게 얼마나 당신을 사랑하는지 물었죠. 한번 생각해보세요. 한번 보세요. 달빛이 내마음을 대신해요.

5
忘記他

왕가위가 연출한 〈타락천사〉의 잊을 수 없는 노래, 관숙이가 불렀다. 그 몽롱하고도 뭔가 설명하기 어려운 독특한 음성으로 방황하는 청춘들의 초상을 잘 대변했던 것 같다.

忘記他 等于忘掉了歡喜 等于將心靈也鎖住 同苦痛一起, 從來只有他 可以令我欣賞自己 更能讓我去用愛 將一切平凡事 變得美麗 忘記他 怎 么忘記得起 銘心刻骨來永久記住 從此永无盡期

그 사람을 잊었어요 기쁨을 잊어버린 거예요 영혼을 가둬 버린 것
이나 마찬가지에요 괴로움과 함께, 그 사람만이 내가 날 사랑할 수 있
게 했었어요 사랑을 시작할 수 있게 했었기 때문에 아무것도 아닌 일
이 아름답게 변했었어요 그 사람을 잊었어요 어떻게 잊을 수 있었는
지 가슴 속 깊이 새겨져 영원히 기억 될 텐데 이제부터는 끝을 생각하
지 않겠어요

6
淺醉一生

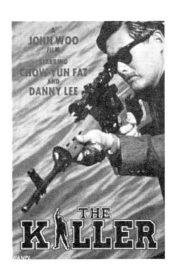

　　홍콩 느와르의 최고봉 〈첩혈쌍웅〉의 주제곡이다. 엽천문이 직접 불렀고 영화의 분위기에 딱 맞는 명곡이다. 애잔하면서도 감미로운 멜로디가 일품이다.

　　在每一天我在流連 這心漂泊每朝每夜 多么想找到愿意相隨同伴 使這心莫再漂泊 愿那一天你來臨時 輕輕給我你的接受 給我知道眼醉里的人 承諾的一切永沒改變 多少期望多少夢 皆因心里多孤寂 即使期望多飄渺 期望已能令我跨進未來！ 沒有得到我愿尋求 得到的怎么不接受 盡管想

擁有但却只能期待 始終只醉在心里 絲絲期望漸飄渺 編織千寸心里夢 卽使希望似夢幻 人漸醉在夢里海市蜃樓 讓我編織海市蜃樓 一天一天淺醉一生

　나는 매일 방황하고 있어요. 이 마음은 아침저녁 떠돌고 있어요. 마음에 맞는 반려를 만나길 얼마나 원했는지. 이 마음 다시는 떠돌지 않게 해주오. 그날 당신이 올 때 살며시 당신을 받아들여 나에게 맞는 사람임을 알게 하고약속한 모든 것이 변치않기를 바랍니다. 기대한 만큼의 꿈도 있지요. 마음이 아무리 외롭고 쓸쓸해도 기대는 나를 미래로 나아가게 하지요. 바랬던 만큼 얻지 못했어도 얻은 것을 어찌 받아들이지 않으리오. 소유하고 싶지만 다만 기댈수 있을뿐. 시종 마음은 가볍게 취해 있습니다. 실낱같은 희망이 점점 희미해져도 촘촘히 엮이는 마음 속의 꿈. 설령 기대가 몽상에 그칠지라도 인생이란 점점 꿈속의 신기루 같네요. 내가 신기루를 엮으며 날마다 가볍게 취해 일생을 보낼수 있게 해주세요.

7
黎明不要來

　　그 유명한 영화 〈천녀유혼〉의 주제곡으로 엽천문이 불렀다. 극중 장국영과 왕조현의 안타까운 사랑을 절묘하게 묘사한 명곡이다.

　　黎明請你不要來　就讓夢幻今晚永遠存在　留此刻的一片眞　伴傾心的這份愛　命令灵魂迎入進來　請你喚黎明不要再不要來　現在浪漫感覺放我浮世外　而清風的溫馨　在冷雨中送熱愛　默默讓痴情突破障碍　不許紅日　教人分開　悠悠良夜不要變改　不許紅日　教人分開　悠悠良夜不要變改　請你命黎明不必要再顯姿彩　現在夢幻詩意永遠難替代　人闖開心扉　在漆黑中抱着你　莫讓朝霞漏進來

새벽이여 오지 마세요. 꿈결 같은 오늘밤이 영원할 수 있도록. 이 순간 한조각의 진실이 사랑을 따라 영혼을 맞이할 수 있도록 부디 새벽이여 오지 말기를. 다시는 오지 말기를. 지금의 낭만적인 느낌은 세상 밖을 떠다니는 것 같고 그 맑은 바람결 같은 속삭임은 차가운 빗속에서도 뜨거운 사랑을 보내오니 이 뜨거운 감정이 묵묵히 장애를 극복하고 붉은 태양이 우리를 갈라놓지 못하게 유구한 밤이여 우리를 떠나지 마세요. 부디 새벽이여 오지 마세요. 꿈같이 아스라한 이 순간, 영원히 대신하기 어려우니 내 마음을 열고 칠흑 같은 어둠 속에서 당신을 꼭 안을 수 있도록 아침햇살이 스며들지 않게 해주세요.

8

滄海一聲笑

영화 〈소호강호〉의 주제곡이다. 혼탁한 세상을 비웃으며 그 모든 것이 부질없음을 이야기하는 노래로 영화의 내용과도 잘 호응되는 곡이다. 푸른바다를 보며 한바탕 웃는다는 제목에 마음이 시원해진다. 홍콩의 톱스타 허관걸이 불렀다.

滄海一聲笑 滔滔兩岸潮 浮沉隨浪只記今朝 蒼天笑 紛紛世上潮 誰負誰胜出天知曉 江山笑 烟雨遙 濤浪濤盡紅塵俗世几多嬌 清風笑 竟惹寂寥 豪情還成了一襟晚照 滄海一聲笑 滔滔兩岸潮 浮沉隨浪只記今朝 蒼

天笑 紛紛世上潮 誰負誰胜出天知曉 江山笑 烟雨遙 濤浪濤盡紅塵俗世 几多嬌 蒼生笑 不再寂寥 豪情仍在痴痴笑笑 啦啦啦.......

　푸른 바다를 보며 한번 웃는다. 도도한 파도는 해안에 물결을 만들고 물결따라 떳다 잠기며 아침을 맞네. 푸른 하늘을 보고 웃으며 어지러운 세상사를 잊는다. 이긴 자는 누구이며 진자는 누구인지 하늘은 알까. 강산은 웃음으로 물안개를 맞는다. 파도와 풍랑이 다해가고 인생은 늙어가니 세상사 알려고 않네. 맑은 바람에 속세의 먼지를 모두 날려보내니 호걸의 마음에 지는 노을이 깃든다. 만물은 웃기 좋아하고 속세의 영예를 싫어하니 사나이도 그렇게 어리석고 어리석어 껄껄 웃는다. 하하하.

9
被遺忘的時光

홍콩 느와르의 화려한 부활이라며 많은 이들을 열광시켰던 영화 〈무간도〉에서 잠시 흘러나왔던 곡이다. 중화권에서는 국민가요라 할 만큼 널리 알려진 곡인데, 간단한 멜로디에 깊은 맛이 우러나오는 곡이라 하겠다.

是誰在敲打我窗 是誰在撩動琴弦 那一段被遺忘的時光 漸漸地回升出我心坎 是誰在敲打我窗 是誰在撩動琴弦 記憶中那歡樂的情景 慢慢地浮現在我的腦海 那緩緩飄落的小雨 不停地打在我窗 只有那沉默无語的我 不時地回想過去 是誰在敲打我窗 是誰在撩動琴弦 記憶中那歡樂的情景

慢慢地浮現在我的腦海

　누구인가 나의 창문을 두드리는 이가. 누구인가. 거문고 줄을 건드리는 이가. 그 잊혀진 시간들 점점 내 가슴 속에서 솟아 오르네 기억 속의 즐거웠던 풍경. 천천히 기억 속에서 떠오르네. 흩날리는 가랑비가 끊임없이 내 창을 두드리고 오직 침묵한 채 말없는 나만이 늘 과거를 회상하네.

10

當年情

느와르의 전설 〈영웅본색〉하면 떠오르는 곡이다. 장국영의 애틋한 음성으로 불려진 너무나 유명한 곡이다. 무슨 말이 필요한가.

輕輕笑聲 在爲我送溫暖 你爲我注入快樂强電 輕輕說聲 漫長路快要走過 終于走過明媚晴天 聲聲歡呼躍起 象紅日發放金箭 我伴你往日笑面重現 輕輕叫聲 共抬望眼看高空 終于靑天优美爲你獻 擁着你 当初溫馨再涌現 心里邊 童年稚气夢未汚染 今日我 与你又試肩幷肩 当年情 此刻

205

是添上新鮮 一望你 眼里溫暖已通電 心里邊 從前夢一点未改變 今日我 与你又試肩幷肩 当年情 再度添上新鮮 歡呼躍起 象紅日發放金箭我伴你 往日笑面重現 輕輕叫聲 共抬望眼看高空 終于靑天优美爲你獻 擁着你 当初溫馨再涌現 心里邊 童年稚气夢未汚染 今日我 与你又試肩幷肩 当 年情 此刻是添上新鮮 一望你 眼里溫暖已通電 心里邊 從前夢一点未改 變 今日我 与你又試肩幷肩 当年情 再度添上新鮮

　　가벼운 웃음소리, 나에게 따스함을 주고 너는 나에게 즐거운 전율을 심어주네. 가벼운 말소리, 먼 길을 빨리 지나 결국 아름답고 맑은 곳에 닿았네. 환호 소리가 들리니 붉은 해가 금화살을 쏘는 것 같고 나는 당신과 해를 보며 다시 웃네. 가볍게 부르는 소리, 함께 눈을 들어 높은 곳을 보니 맑은 날의 아름다움은 너를 위해 바치는 것이네. 너를 안으니 그때의 따스함이 다시 느껴지고 마음 속 동년의 꿈은 아직 오염되지 않았네. 오늘의 나 다시 너와 어깨를 나란히 하고 그때의 정은 이 순간 새로움을 더하네. 너를 바라보니 눈빛의 따스함이 이미 통하고 마음 속 예전 꿈은 조금도 변하지 않았네. 오늘의 나 너와 어깨를 나란히 하고 그때의 정은 새로움을 더하네.

11

忘了你忘了我

왕가위의 눈부신 데뷔작 〈열혈남아〉에 삽입된 곡으로 왕걸의 색깔 있고 비장한 음성이 잘 드러난 곡이다. 노래는 극중 유덕화가 체현한 청춘의 강렬함을 잘 대변해주면서 그 자체로도 뜨거운 울림을 준다.

当你說要走 我不想揮手的時候 愛情終究是一場空 誰說我倆的過去盡在不言中 別忘了我曾擁有你 你也曾愛過我 当你留給我 我不想接受的傷痛 愛情到頭來還是夢 別說我倆的世界有太多不同 就說你已經忘了我 你

就要离開我 誰能够告訴我 我是否付出太多 就当我從來沒有過 還是消失
在我心頭 誰曾經提醒我 我的愛沒有把握 就当我從來沒有過 還是忘了你
忘了我 (music) 当你留給我 我不想接受的傷痛 愛情到頭來還是夢 別說
我倆的世界有太多不同 就說你已經忘了我 你就要離開我 誰能够告訴我
我是否付出太多 就当我從來沒有過 還是消失在我心頭 誰曾經提醒我 我
的愛沒有把握 就当我從來沒有過 還是忘了你忘了我 誰能够告訴我 我是
否付出太多 就当我從來沒有過 還是消失在我心頭 誰曾經提醒我 我的愛
沒有把握 就当我從來沒有過 還是忘了你忘了我

　그대가 떠난다고 했을 때 나는 이별의 시간을 생각하고 싶지 않았
어. 사랑은 결국 한편의 공허. 누가 말했던가. 우리 둘의 추억은 말없
이 조용할 뿐이라고. 잊지 마오. 내가 당신을 안았다는 걸. 그대 또한
나를 사랑했었다는 걸. 그대가 나를 떠나갈 때 난 받은 상처를 생각하
고 싶지 않아. 사랑이란 결국은 여전한 꿈인 것. 서로의 세계가 다르
다고 말하지 마오. 그저 날 이미 잊었다고 해주오. 그저 나를 떠나간
다고. 누가 내게 말해줄 수 있는가. 내가 치러야할 대가가 얼마나 큰
지. 그저 내가 없었다고 생각해주오. 내 가슴 속으로 사라져가네. 내
사랑이 이루어지지 않았다는 걸. 그저 내가 없었다고 생각해주오. 그
대를 잊고 나를 잊어주오.

12
男兒當自强

　　영화 〈황비홍〉의 주제곡으로 호방함과 웅장한 느낌을 주는 명곡이다. 가사도 멋지고 여러 명의 합창이 인상적이다. 성룡도 노래를 하는 가수라는 걸 확인시켜준 노래이기도 하다.

傲气面對万重浪 熱血像那紅日光 胆似鐵打骨如精鋼 胸襟百千丈眼光万里長 我發奮圖强做好漢 做个好漢子每天要自强 熱血男儿漢比太陽更光 讓海天爲我聚能量 去開天辟地爲我理想去闖 看碧波高壯 又看碧空广闊浩气揚 我是男儿当自强 强步挺胸大家做棟梁做好漢 用我百点熱耀出

千分光 做个好漢子 熱血熱腸熱 比太陽更光(Music) 讓海天爲我聚能量
去開天辟地爲我理想去闖 看碧波高壯 又看碧空广闊浩气揚 我是男儿当
自强 强步挺胸大家做棟梁做好漢 用我百点熱耀出千分光 做个好漢子 熱
血熱腸熱 比太陽更光做个好漢子 熱血熱腸熱 比太陽更光

　패기는 만근의 파도에 맞서고 끓는 피는 붉은 태양과 같이 빛난다.
담력은 단련된 무쇠, 뼈는 정련된 강철. 가슴엔 거대한 포부, 눈빛은
끝없이 향한다. 나는 온 마음으로 사나이가 되리라. 진짜 사나이라면
매일 스스로 강해져야 하고 열혈남아는 태양보다 더 빛나야 하리라.
하늘과 바다여, 내게 힘을 주소서. 내가 천지를 개벽하리라. 내 이상을
위해 뛰어들리라. 푸른 파도의 웅장함을 보면서. 또한 푸른 창공의 광
활함을 보면서 호연지기를 키우리라. 나는 마땅히 스스로 강해져야 하
는 사나이. 늠름한 걸음으로 가슴을 쫙 펴고 모두의 기둥으로 멋진 사
나이가 되리라. 나의 끓는 열정으로 온 세상에 빛을 밝히리라. 사나이
가 되리라. 온몸의 뜨거운 피로. 태양보다 더 빛나리라.

13
你怎么舍得我難過

　　관금붕 감독, 호군, 유엽 주연의 애절한 사랑영화 〈란위〉의 주제곡이다. 노래를 들으면 영화에 내용과 오버랩 되면서 가슴을 막 후벼 파는 듯한 슬픔을 전달한다. 그 애절한 목소리의 주인공은 바로 황품원이라는 가수다.

　　對你的思念 是一天又一天 孤單的我 還是沒有改變 美麗的夢 何時才能出現 親愛的你 好想再見你一面 秋天的風 一陣陣地吹過 想起了去年的這个時候 你的心到底在想些什么 爲什么留下這个結局讓我承受 最愛你的人是我 你怎么舍得我難過 在我最需要你的時候 沒有一句話就走 最愛你的人是我 你怎么舍得我難過 對你付出了這么多 你却沒有感動過 對

你的思念 是一天又一天 孤單的我 還是沒有改變 美麗的夢 何時才能出現 親愛的你 好想再見你一面 秋天的風 一陣陣地吹過 想起了去年的這個時候 你的心到底在想些什麼 爲什麼留下這個結局讓我承受 最愛你的人是我 你怎么舍得我難過 在我最需要你的時候 沒有一句話就走 最愛你的人是我 你怎么舍得我難過 對你付出了這么多 你却沒有感動過 最愛你的人是我 你怎么舍得我難過 在我最需要你的時候 沒有一句話就走 最愛你的人是我 你怎么舍得我難過 對你付出了這么多 你却沒有感動過

하루하루가 갈수록 당신이 생각납니다. 홀로된 나는 변한게 아무것도 없네요. 아름다운 꿈은 언제라도 다시 떠오르네요. 사랑하는 그대여 당신의 얼굴을 다시 보고 싶군요. 가을바람이 문득 스치고 지나면 작년 이맘때가 생각나요. 당신의 마음은 도대체 무엇을 생각하길래 이런 결말을 나에게 남겨 나로하여금 받아들이게 하나요. 당신을 가장 사랑하는 이는 바로 나인데 어떻게 내가 이토록 고통스러운 것을 생각지 않나요. 당신을 위해 이 많은 것을 희생했는데, 당신은 도리어 감동하지 않는군요.

14
忘情水

유덕화 주연의 영화 〈천여지〉에 삽입된 노래로 많은 사랑을 받은 명곡이다. 남자의 고독이 뚝뚝 묻어나는 느낌이 든다.

曾經年少愛追夢　一心只想往前飛　行遍千山和万水　一路走來不能回
驀然回首情已遠　身不由已在天邊　才明白愛恨情仇　最傷最痛是后悔　如果
你不曾心碎　你不會懂得我傷悲　当我眼中有泪　別問我是爲誰　就讓我忘了
這一切　啊　給我一杯忘

情水　換我一夜不流泪　所有眞心眞意　任它雨打風吹　付出的愛收不回

給我一杯忘情水 換我一生不傷悲 就算我會喝醉 就算我會心碎 不會看見 我流淚曾經年少愛追夢 一心只想往前飛 行遍千山和万水 一路走來不能 回 驀然回首情已遠 身不由己在天邊 才明白愛恨情仇 最傷最痛是后悔 如果你不曾心碎 你不會懂得我傷悲 当我眼中有淚 就讓我忘了這一切 別 問我是爲誰 啊 給我一杯忘情水 換我一夜不流淚 所有眞心眞意 任它雨 打風吹 付出的愛收不回 給我一杯忘情水 換我一生不傷悲 就算我會喝醉 就算我會心碎 不會看見我流淚啊 給我一杯忘情水 換我一夜不流淚 所有 眞心眞意 任它雨打風吹 付出的愛收不回 給我一杯忘情水 換我一生不傷 悲 就算我會喝醉 就算我會心碎 不會看見我流淚

　어린 시절엔 꿈을 쫓는 것을 좋아했지. 단지 앞으로만 나가고 싶었지. 끝없는 길을 걸었고 한번 가면 돌아올수 없었네. 이미 정을 돌리기엔 늦었고 나는 나도 모르게 천변가에 있네. 사랑과 미움, 정과 증오, 가장 아프로 괴로운 것이 후회라는 것을 비로소 알게 되었어. 만약 당신이 상처를 받아본 적이 없다면 나의 슬픔을 이해할수 없을거야. 내 눈에서 눈물이 흐를 때 내가 누군지 묻지 말기를. 그저 모든 것을 잊게 해주길.
　아, 나에게 한잔의 망정수를 주게. 이 밤에 눈물을 흘리지 않도록. 모든 진심이 비와 바람을 부르네. 한번 생긴 사랑은 주워 담을수가 없네. 아, 나에게 한잔의 망정수를 부탁하네. 평생 상처로 괴로워하지 않도록. 그저 내가 술에 취하고 상처를 받았다고 생각해주길. 내 흐르는 눈물을 눈치채지 못할 테니.

15

忘記你不如忘記我

〈지존무상2〉에 삽입된 노래로 왕걸이 불렀다. 넘치는 비장미와 감정의 과잉으로 가득 찬 당시의 느와르 영화에 걸맞는 어둡고 처절한 왕걸의 목소리가 오래 기억에 남는다.

黑色的夜燃燒着風　无情的細雨淋得我心痛　最后一班車像是你的諾言狠心离去濺濕了我的心　一个人走在冰冷的長街　想起分手前熟悉的臉　淡淡地留下一句忘了我吧還有明天　心碎的聲音有誰會听得見　我告訴自己愛情早已走遠　可是胸前還挂着你的項鏈　逃离這城市還剩什么可留在心

底 忘記你不如忘記自己 一个人走在冰冷的長街 想起分手前熟悉的臉 淡淡地留下一句忘了我吧還有明天 心碎的聲音有誰會听得見 我告訴自己 愛情早已走遠 可是胸前還挂着你的項鏈 逃离這城市還剩什么可留在心底 忘記你不如忘記自己 逃离這城市還剩什么可留在心底 忘記你不如忘記自己 逃离這城市還剩什么可留在心底 忘記你不如忘記自己 逃离這城市還剩什么可留在心底 忘記你不如忘記自己

   칠흑같이 어두운 밤, 불타오는 바람무정한 가랑비는 나의 아픈 가슴을 적시네. 마지막 버스는 너의 약속처럼 무정하게 떠나버려 나의 마음을 온통 젖게 만들었어. 스산한 거리를 홀로 걸으니 헤어지기 전 익숙한 얼굴이 떠오르네. 담담하게 남긴 한 마디 나를 잊어줘. 내일이 또 있으니. 가슴 아픈 그 소리, 누가 듣고 싶을 것인가. 사랑은 이미 떠났다고 스스로 말하고 있지만 내 가슴엔 아직도 너의 목걸이가 걸려있어. 이 도시를 떠나면 마음 속엔 또 무엇을 남길 수 있을까. 널 잊느니 차라리 날 잊겠어.

16
夕陽之歌

A Better Tomorrow III

《영웅본색3》에서 매염방이 부른 노래다. 듣고 있으면 지금은 볼 수 없는 매염방의 분위기 있고 호소력 있는 음색에 마음이 짠해진다. 매염방 특유의 중저음이 매력적이다.

斜陽无限 无奈只一息間燦爛 隨云霞漸散 逝去的光彩不复還 遲遲年月 難耐這一生的變幻 如浮云聚散 纏結這滄桑的倦顏 漫長路 驟覺光陰退減 歡欣總短暫未再返 哪个看透我夢想是平淡 曾遇上几多風雨翻 編織我交錯夢幻 曾遇你眞心的臂彎 伴我走過患難 奔波中心灰意淡 路上紛扰波折再一彎 一天想到歸去但已晚 斜陽无限 无奈只一息間燦爛 隨云霞漸

散 逝去的光彩不夏還 遲遲年月 難耐這一生的變幻 如浮云聚散 纏結這
滄桑的倦顔 漫長路 驟覺光陰退減 歡欣總短暫未再返 哪个看透我夢想是
平淡 曾遇上几多風雨翻 編織我交錯夢幻 曾遇你眞心的臂彎 伴我走過患
難 奔波中心灰意淡 路上紛扰波折再一彎 一天想到歸去但已晚 啊 天生
孤單的我心暗淡 路上風霜哭笑再一彎 一天想 想到歸去但已晚曾遇上几
多風雨翻 編織我交錯夢幻 曾遇你眞心的臂彎 伴我走過患難 奔波中心灰
意淡 路上紛扰波折再一彎 一天想 想到歸去但已晚曾遇上几多風雨翻 編
織我交錯夢幻 曾遇你眞心的臂彎 伴我走過患難 奔波中心灰意淡 路上紛
扰波折再一彎 一天想 想到歸去但已晚

저녁노을은 영원하지만 한순간의 찬란함만은 어쩔 수 없구나. 구름
을 따라 점점 흩어져 사라진 빛은 다시 돌아오지 않아. 느린 세월에도
이 변화무쌍한 인생은 견디기 힘들구나. 뜬구름이 모였다 흩어지면 지
루함과 고달픔으로 둘러쌓여. 머나먼 인생 갑자기 빛은 사라지고 기쁨
은 잠시 뿐 다시 되돌릴 수 없어. 그건 단순한 몽상이었단 걸 깨달았
지. 한때 수많은 폭풍우를 만나 내 꿈은 엇갈렸지만 당신의 진실한 마
음으로 난 역경을 헤쳐 나갔었지. 혼란 속 마음은 길을 잃어 다시 혼
란과 풍파가 닥쳐오니 언젠가는 돌아갈 꺼라 했지만 이미 늦어버렸어.
아~ 고독한 내 마음은 더욱 암담해져 다시 바람과 서리가 내리니 언젠
간 돌아갈 꺼라 했지만 이젠 이미 늦어버렸어.

17
漆黑的空間

　　홍콩산 청춘영화의 걸작 〈천장지구〉에 삽입된 곡으로
비욘드가 부른 노래다. 절규하듯 내지르는 비욘드 특유의 창법은 영화
의 분위기를 더욱 비장하고 쓸쓸하게 만들어 준다. 80년대 홍콩영화의
정서가 그립다면 이 노래를 들어보시라.

　　喝不完的酒 掩飾不了我的愁 生命總是不斷在等候 孤獨的流浪 明天
又會怎么樣 多少我的无奈在前方 走在漆黑的空間 光明只是个起点 為何
当我背上一切后悔与煩憂 此刻看到你的泪在流 縱是一个永遠美麗的傷
口 OH……留在我心頭 牽着你的手 也許不會太長久 珍惜還是溫暖的時

候 美好的時光 仿佛總是太短暫 你有你的未來与夢想 走在漆黑的空間 光明只是个起点 爲何当我背上一切后悔与煩憂 此刻看到你的泪在流 縱是一个永遠美麗的傷口 OH……留在我心頭 走在漆黑的空間 光明只是个起点 爲何当我背上一切后悔与煩憂 此刻看到你的泪在流 縱是一个永遠美麗的傷口 OH……留在我心頭 爲何当我背上一切后悔与煩憂 此刻看到你的泪在流 縱是一个永遠美麗的傷口 OH……留在我心頭

다 마시지 못한 술, 내 슬픔을 감출수 없네. 삶은 항상 끝없는 기다림이었어. 외로운 방랑, 내일은 또 어떨까. 얼마나 많은 좌절이 내 앞에 있을까. 칠흑같은 어둠 속을 달리네. 빛은 단지 시작일 뿐이야. 왜 나는 모든 후회와 근심을 짊어져야 하는가. 이 순간 그대 눈에 흐르는 눈물을 보았네. 언제나 여원히 아름다운 아픔으로 오 내 마음 속에 남아버렸어. 아마 그리 오래되진 않았을거야. 그래도 따스했던 그 때가 내겐 너무 소중해. 아름다운 시절은 언제나 너무 짧았지. 그대에겐 그대의 미래와 꿈이 있어.

18

就算是情人

곽부성, 오천련이 주연을 맡아 열연한 영화 〈천장지구2〉
에 삽입된 노래로 곽부성이 부른 노래다. 곽부성 역시 4대천황 중 한
명으로 수많은 히트곡을 가지고 있다. 고독하고 반항적인 눈빛으로 한
여자에 대한 헌신적인 사랑을 보여주는 곽부성의 모습은 수많은 이들
의 가슴을 적셨다. 영화와 함께 오래 기억되는 노래다.

的聲音 无謂留在另一顆心 未來承受的一生 不要埋沒了別人 就算是情人
假使吸引你的是我眼神 不等于愛一个人是責任 如相戀必須痛苦才算愛
人 但愿這一切沒發生 情永遠是情只可以變恨 怎么可以改變命運 誰能容
納這裂痕 就算是情人 情永遠是情不可以送贈 怎么可帶給我幸運 宁愿從
沒有情 就算是情人暫時甛蜜的感覺 不要那么好 別時沉重的陰影 不要你
知道 從前流泪的聲音 无謂留在另一顆心 未來承受的一生 不要埋沒了別
人 就算是情人 假使吸引你的是我眼神 不等于愛一个人是責任 如相戀必
須痛苦才算愛人 但愿這一切沒發生 情永遠是情只可以變恨 怎么可以改
變命運 誰能容納這裂痕 就算是情人 情永遠是情不可以送贈 怎么可帶給
我幸運 宁愿從沒有情 就算是情人

　　잠깐의 달콤했던 느낌, 더 이상 그리 좋아선 안 돼. 헤어짐에 침묵
하는 그림자. 그대가 알아서는 안 돼. 예전 흐르던 눈물의 소리, 말없
이 내 가슴에 남았네. 앞으로 맞이할 미래에 다른 이를 가슴에 묻지
마오. 이것이 바로 연인이니까. 만약 당신을 이끈 것이 나의 눈빛이라
면, 한사람을 사랑한 것이 책임이라 할 수 없어. 서로 그리워함에 고
통을 수반해야 사랑이라고 한다면 그 모든 게 일어나지 않기를 바랄
뿐. 정은 영원하지만 한으로 변할 수 있으니 어찌 운명을 바꾸겠는가.
누가 그 찢기는 아픔을 참아낼 수 있는가. 이것이 바로 연인이라오.
정은 영원하지만 이제는 줄 수 없으니 어찌 나에게 행운을 가져다 줄
것인가. 차라리 정이 없었으면 좋았을걸. 이것이 바로 연인이니까.

19
那些年

　　최근 대만에서 인상적인 청춘영화들이 계속 만들어지고 있다. 그중 풋풋한 첫사랑의 추억과 청춘들의 성장을 아련하고 상큼하게 담은 영화 〈那些年, 我們一起追的女孩〉를 좋아하는 이들이 많다. 영화에 잘 어울리는 노래 〈那些年〉도 많은 사랑을 받고 있다. 호하(胡夏)라는 가수가 불렀다.

　　又回到最初的起点 記憶中你青澀的臉 我們終於來到了這一天 桌墊下的老照片 无數回憶連結 今天男孩要赴女孩最后的約 又回到最初的起点

呆呆地站在鏡子前 笨拙系上紅色領帶的結 將頭髮梳成大人模樣 穿上一身帥气西裝 等會儿見你一定比想像美 好想再回到那些年的時光 回到教室座位前后 故意討你溫柔的罵 黑板上排列組合 你舍得解開嗎 誰与誰坐他又愛著她 那些年錯過的大雨 那些年錯過的愛情 好想擁抱你 擁抱錯過的勇气 曾經想征服全世界 到最后回首才發現 這世界滴滴点点全部都是你 那些年錯過的大雨 那些年錯過的愛情 好想告訴你 告訴你我沒有忘記 那天晚上滿天星星 平行時空下的約定 再一次相遇我會緊緊抱著你 緊緊抱著你 又回到最初的起点 呆呆地站在鏡子前 笨拙系上紅色領帶的結 將頭髮梳成大人模樣 穿上一身帥气西裝 等會儿見你一定比想像美 好想再回到那些年的時光 回到教室座位前后 故意討你溫柔的罵 黑板上排列組合 你舍得解開嗎 誰与誰坐他又愛著她 那些年錯過的大雨 那些年錯過的愛情 好想擁抱你 擁抱錯過的勇气 曾經想征服全世界 到最后回首才發現 這世界滴滴点点全部都是你 那些年錯過的大雨 那些年錯過的愛情 好想告訴你 告訴你我沒有忘記 那天晚上滿天星星 平行時空下的約定 再一次相遇我會緊緊抱著你 緊緊抱著你 那些年錯過的大雨 那些年錯過的愛情 好想擁抱你 擁抱錯過的勇气 曾經想征服全世界 到最后回首才發現 這世界滴滴点点全部都是你 那些年錯過的大雨 那些年錯過的愛情 好想告訴你 告訴你我沒有忘記 那天晚上滿天星星 平行時空下的約定 再一次相遇我會緊緊抱著你 緊緊抱著你

또다시 처음으로 돌아왔어. 기억속의 너는 싱그러운 얼굴을 하고 있구나. 우리 결국 이 날까지 오게 됐구나. 책상 패드 아래의 낡은 사진은 셀수 없는 많은 추억들과 이어져. 오늘 소년은 소녀와의 마지막 약속을 지키러 가네. 또 다시 처음으로 돌아왔어. 멍하니 거울 앞에 서서 서투르게 빨간색 넥타이를 매고 어른처럼 머리를 빗어 넘기고 멋진 양복을 입었지. 잠시 후 보게 될 너는 분명히 상상한 것보다 아름답겠지. 정말 그 시절로 다시 돌아가고 싶어지네. 앞뒤로 앉았던 교실로 돌아가서 일부러 너의 부드러운 잔소리를 들어야지. 칠판 위의 수열 문제를 넌 아무렇지 않게 풀어주겠지? 누구랑 누가 앉았더라. 남자는 또한 그녀를 좋아하고 있겠지. 그 시절 비껴갔던 비, 그 시절 엇갈렸던 사랑. 너를 정말 껴안고 싶어. 잘못됐던 용기를 껴안고 싶어. 예전엔 온세계를 정복하고 싶었지. 마지막에야 깨달았어. 이 세계의 작은 점 하나 하나가 모두 너였다는 것을. 그 시절 비껴갔던 비, 그 시절 엇갈렸던 사랑. 너에게 말해주고 싶어. 너를 잊지 않았다는 것을. 그날 저녁 하늘에 가득 떠있던 별, 평행세계에서의 약속, 다시 만난다면 너를 꼭 안을거야. 꼭 안을거야.

요즘 힐링이 유행인데, 노래야 말로 사람들의 마음을 어루만져주며 진정한 힐링의 역할을 한다. 여기서 소개된 노래와 가수들은 중화권 대중가요에서 극히 일부에 지나지 않는다. 그 많고 많은 중화권 가수들을 다 알지 못하는 개인적인 한계도 있고, 아무래도 개인적으로 익숙하고 좋아하는 가수를 먼저 소개할 수 밖에 없었다. 앞으로 좀 더 체계적이고 폭넓게 중국 노래를 소개하는 작업들이 여기저기서 본격적으로 이루어지길 고대해본다.

좋은 세상이다. 여기에 나오는 모든 곡들은 중국 음악 사이트에서 손쉽게 들을 수 있다. 바라건데 여기에 소개되는 노래들이 중국 노래에 다가가는 작은 징검다리가 되었으면 좋겠고, 이를 계기로 나아가 중화권 노래의 매력을 마음껏 즐길 수 있으면 좋겠다.

15억을 움직이는 중화권의
대중가요 슈퍼스타들

15억의 노래

초판 인쇄 2014년 5월 1일
초판 발행 2014년 5월 12일

역   자 | 이종철
펴 낸 이 | 하운근
펴 낸 곳 | 學古房

주   소 | 서울시 은평구 대조동 213-5 우편번호 122-843
전   화 | (02)353-9907 편집부(02)353-9908
팩   스 | (02)386-8308
홈페이지 | http://hakgobang.co.kr/
전자우편 | hakgobang@naver.com, hakgobang@chol.com
등록번호 | 제311-1994-000001호

ISBN   978-89-6071-396-3   03670

값 : 13,000원